CARLA MOREAU

SOUS INFLUENCE

Récit

COUVERTURE : AMATH MAGNAN
–
COLLECTION : "SANS FILTRES"
recits.sansfiltres@gmail.com

TABLE DES MATIÈRES

Ce que l'on connaît de moi ? Pas grand-chose, finalement. La télé-réalité, malgré son nom, ne reflète pas le réel. Sur les réseaux sociaux, je partage mon présent. Mon quotidien, avec ou sans filtres. Mais qui, en vérité, connaît celle qui se cache derrière les écrans ? Dans ce récit, je vais partager avec vous ce qui n'a pas été raconté, ni sur Instagram, ni à la télé : ma vie, la vraie, depuis le commencement. Dans ce livre, vous comprendrez que l'influence, bonne ou mauvaise, a guidé ma vie depuis mon plus jeune âge.

1

La Bouteille

Je vois le jour le 15 janvier 1997 à la clinique Beauregard, à Marseille. Ma mère est jeune, innocente. Tout juste vingt ans. Papa, lui, a vingt-quatre ans.

Mes parents, c'est une belle histoire d'amour. Le coup de foudre, sur les plages de Saint-Cyr-les-Lecques, dans le sud de la France.

Mon père, fou amoureux de ma mère, veut rapidement un enfant. Il en est certain, maman est la femme de sa vie. Sont-ils vraiment prêts à accueillir un bébé ? Malgré son jeune âge, et leur relation naissante, ma mère se laisse convaincre. Confiante, elle arrête la pilule, et tombe rapidement enceinte. Mais elle est loin d'imaginer ce qui l'attend...

Préparatrice en pharmacie, Maman abandonne son travail pour s'occuper de moi. Papa, lui, est chef cuisinier. Il travaille quand il peut — et surtout quand il veut. Mes parents sont comblés, surexcités par cette nouvelle vie. Ils adorent me pouponner. Mais, rapidement, la réalité les rattrape.

Quand les fins de mois sont difficiles, mes grands-parents maternels aident mes parents. S'occuper d'un bébé n'est, finalement, pas si facile. Les biberons, les petits pots, les couches, les vêtements : ça coûte des sous. Les cris, les pleurs, les réveils en pleine nuit : ça coûte de l'énergie.

Papa pourrait ramener plus d'argent à la maison, s'il travaillait plus. Il est plutôt connu par les restaurateurs du coin. Doué dans son domaine, il pourrait être plus sollicité. Mais il ne reste jamais bien longtemps dans un établissement. Il vient un jour, puis disparaît le lendemain. La triste raison, c'est que, souvent, il est trop saoul pour aller travailler...

Car mon père boit beaucoup. Encore plus depuis ma naissance, ce qui n'échappe pas à ma mère. Depuis que je suis arrivée, mon père a perdu le contrôle de sa vie. A-t-il pris peur ? Plus le temps passe et plus mon père boit, ce qui met en péril la relation de mes parents. Leur couple s'étiole doucement. Ils s'aiment, et se détestent. L'alcool salit les veines de Papa, noie son cerveau.

Tandis que je fais mes premiers pas, il dort, complètement ivre, dans le canapé. Ma mère crie après mon père, lui reprochant d'être tout le temps bourré. Et comme mon père est bourré, il lui répond en criant, encore plus fort. Quand ils hurlent, je pleure par-dessus les cris. C'est un vrai capharnaüm.

Parfois, quand papa est ivre, maman me met dans la poussette et nous partons rejoindre ses copines en ville. J'ai froid, je m'ennuie, j'en ai marre. Mais rester à la maison à regarder passer sa jeunesse, n'est pas dans les projets de ma mère. Si elle a accepté d'avoir un enfant, ce n'est pas pour autant qu'elle doit se « laisser aller à une vie de femme au foyer ». Alors femme au foyer avec un mari ivre... Ce n'est pas du tout ce qu'elle avait prévu.

Un jour, Papa a bu plus que de raison. Il est couché sur le canapé, immobile, bouche ouverte. Ma mère le secoue, lui hurle dessus, mais il ne se réveille pas.

— Réveille-toi, putain ! Ne me fais pas un coup comme ça !

Paniquée, elle appelle les pompiers. Le salon est sens dessus dessous, le sol couvert de vomi. Les pompiers tentent de réanimer mon père, en vain.

Ils l'emmènent alors sur une civière : son corps est inerte comme celui d'un mort. Ma mère, désemparée, les regarde s'en aller pour l'hôpital. Mon père y sera réanimé, avant d'être envoyé en cure de désintoxication.

Je regarde maman, les yeux boursouflés par les larmes, nettoyer les éclaboussures de vomi. Nous restons plusieurs jours toutes les deux, à attendre le retour de mon père. À vrai dire, je pense que ma mère n'est pas si pressée qu'il revienne. Elle veut qu'il soit sauvé, elle souhaite qu'il aille bien. Mais ce quotidien l'épuise, l'exaspère.

Pendant l'absence de Papa, tout est silencieux. Je découvre le calme d'un quotidien sans cris. Maman me nourrit, me donne le bain, soigne mes petits bobos. Quand je dors enfin, elle s'occupe des nombreuses tournées de linge, range et nettoie l'appartement. Une fois par semaine, nous allons rendre visite à mon père, à des horaires pré-établis par l'établissement. Ce n'est pas très joyeux là-bas. Tout est blanc, les gens sont lents, tristes ou énervés. Ce n'est pas un endroit pour les petites filles de mon âge. Ce n'est pas un endroit pour les mamans non plus. Ce n'est un endroit pour personne. Passé la porte de cet établissement, Maman est angoissée. Mais, malgré le choc, elle rentre toujours à la maison pleine d'espoir. L'alcool, c'est fini, loin derrière lui. Du moins, elle s'en convainc. Lui aussi.

Bientôt, Papa rentre de cure. Il dit avoir honte, s'excuse platement, puis nous couvre de bisous. Nous commençons une nouvelle vie, une vie de famille normale. Une jolie petite famille. Trois mois s'écoulent, au rythme des rires. Papa a repris le travail. Et il n'a pas touché une goutte d'alcool. Maman cuisine, tandis que papa joue avec moi. N'est-ce pas ça le bonheur ? Des instants simples de la vie de tous les jours ?

Mais rapidement, nous comprenons que ce quotidien parfait n'était qu'une illusion. La Bouteille revient petit à petit dans la vie de mon père. Pourtant, il soutient qu'il n'est pas alcoolique. Il boit « juste un verre pour l'apéro, avant midi. » Puis un autre, « juste pour accompagner le repas », puis un dernier, « juste pour le dessert ». Enfin, il s'allonge sur le canapé, où il dort toute l'après-midi, tandis que maman me donne le goûter, par automatisme, sans vraiment me regarder. Elle pense à sa jeunesse qui lui passe sous le nez. Mon père se réveille à dix-huit heures, et la première phrase qui lui vient est :

— C'est l'heure de l'apéro !

Il attrape une bouteille dans le placard, se serre un verre à ras bord, s'installe devant la télévision. Maman soupire, et part s'isoler dans la chambre pour téléphoner à ses amies, tandis que je joue, seule, dans un coin du salon.

Souvent, mon père s'absente. On ne sait pas trop où il est, puisqu'il ne travaille pas. Il est sans doute dans un bistrot à boire un verre de rouge.

Maman et moi allons régulièrement chez mon grand-père paternel. Là-bas, j'ai ma chambre. Il habite à deux rues de chez nous. J'y passe mes après-midis, puis nous restons dîner, avant de rentrer à la maison, et de retrouver mon père, ivre, comme d'habitude...

2

Faire ses valises

Papa et maman se disputent un peu plus chaque jour. Pour éviter les cris, nous allons de plus en plus souvent chez Papi.

J'ai trois ans. Un soir, Maman réunit mes affaires dans une valise. Instinctivement, j'attrape mon doudou. Je comprends que l'on va quelque part. Je suis Maman jusqu'à la porte d'entrée, qu'elle claque derrière elle. Dans l'ascenseur, elle est en pleurs. Je reste muette.

Dans la rue, Papa nous court après en criant, la suppliant de rester, tandis que Maman accélère le pas.

Nous arrivons chez Papi, chez qui nous nous installons. Je ne comprends pas que cet appartement, que je connais si bien, est mon nouveau chez-moi. Je réclame régulièrement mon père, sans trop comprendre la situation. Mon grand-père, lui, n'est pas mécontent de nous recevoir. Maman en profite pour aller voir ses copines. En attendant son retour, je reste devant les dessins animés. Des centaines et des centaines de dessins animés qui défilent, en attendant que l'on s'occupe de moi.

À cette période, mon père téléphone tous les jours sur le numéro de mon grand-père. Il veut que maman rentre. Elle refuse d'abord. Pas question de revivre l'enfer qu'elle a vécu ! Mais Papa lui promet qu'il a arrêté de boire. Alors, elle finit par craquer. Puisqu'il jure avoir changé, pourquoi ne pas lui donner une chance ? L'amour est plus fort que la raison. Nous rentrons chez nous.

Et mon père n'avait pas menti : cela fait quatre mois qu'il ne boit plus, et qu'il a repris le travail. Papa me chouchoute et me raconte des histoires. Tout va bien dans le meilleur des mondes.

Mais, rapidement, les démons de Papa sont de retour. Cachée derrière la porte de ma chambre, j'entrevois un verre traverser le salon et exploser contre un mur. Ça hurle dans tous les sens.

— Lâche-moi, connasse !

— Je t'emmerde, sale alcoolo !

Papa ne tient pas debout, et finit par s'écrouler. Maman essaie de le relever, mais il reste le corps gisant au sol, comme une poupée de chiffon. Maman appelle les pompiers, et mon père est de nouveau interné en cure de désintoxication.

Nous retournons alors vivre chez mon grand-père, pour une durée indéterminée. Je ne comprends rien à ces allers et venues. Pourquoi mon père n'est-il pas présent tous les jours ?

Quand je me lève le matin, Maman dort encore — elle est rentrée tard dans la nuit. Il arrive d'ailleurs que je ne me réveille pas pour aller à l'école, car Maman n'a pas réglé mon réveil. Ces jours-là, c'est Papi qui s'occupe de moi. C'est lui qui s'occupe de mes devoirs, de ma scolarité. De mes besoins en général.

Les semaines passent et se ressemblent, jusqu'au retour de Papa. Nous voilà donc reparties dans l'autre sens. En quittant l'appartement de mon grand-père, Maman lui dit « À bientôt » par réflexe. Elle ne prend pas ses plus grosses valises, car elle commence à prendre conscience que mon père ne changera pas de si tôt.

À la maison, le bonheur est revenu. Les éclats de rires ont chassé la Bouteille. Papa est sobre depuis deux mois. Je me blottis dans ses bras. Il sent bon. Rien de spécial, pas de parfum, pas d'après-rasage, juste son odeur à lui.

Mais l'alcoolisme est une addiction. Et une addiction, c'est un disque rayé. On n'est jamais totalement sevré. L'addiction est là, elle dort quelque part, attendant patiemment d'être réveillée. La Bouteille s'empare de mon père, de son corps et de son cerveau. Ses bras, ses jambes, ne lui obéissent plus. Il ne sait plus marcher. Sa bouche baragouine des mots. Il ne sait plus parler.

Dans mon pyjama de seconde main, je saute sur papa, avachi dans le canapé. Il a perdu sa bonne odeur. Son haleine sent fort. Je ne sais pas encore que ce sont les effluves de l'alcool.

Une après-midi, il doit m'amener au parc. Mais avant, il a une « course à faire ». Je l'attends à l'appartement, impatiente. Je fais les cent pas dans ma chambre, sous le regard figé de mes poupées. Je m'imagine, papa et moi nous promenant entre les jardins, une barbe à papa à la main. Il m'a promis de m'emmener au manège. Je me poste devant la fenêtre, le nez collé à la vitre. Le soleil commence à décliner derrière les immeubles de mon quartier. Que fait-il ?

La nuit tombe et mon père n'est toujours pas là. Rien que du noir derrière cette fenêtre.

Beaucoup trop noir pour voir quoique ce soit — beaucoup trop noir pour aller se promener. Ce n'est pas la première fois qu'il me fait attendre. Pas la première fois qu'il ne tient pas ses promesses. Et ce n'est sûrement pas la dernière. Ce soir-là, mon père ne rentre pas.

Un autre jour, maman et moi rentrons un peu tard dans la soirée, après avoir dîné chez Papi qui recevait son cousin. Papa nous attend, le visage tordu par la colère. Il titube dans le salon et se met à incendier maman pour le retard. Comme s'il avait des leçons à donner à ce sujet-là...

— Tu as vu l'heure ! Qu'est-ce que vous foutiez, putain ! Je parie que vous n'étiez pas chez ton père ! Salope !

— Tu es encore bourré... Je n'en peux plus. Je repars chez mon père.

— Non, tu ne partiras pas ! Tu ne prendras pas ma fille !

Papa m'attrape brusquement et me prend dans ses bras. Je suis prise en otage. Un moyen pour mon père de retenir ma mère. Ils se hurlent dessus, font des gestes brusques, alors que je suis dans les bras de mon père. Papa chancelle, quand soudain, il me fait tomber tête la première au sol. C'est alors que ma mère attrape la première chose qui lui tombe sous la main : une casserole. D'un grand coup, elle assomme mon père, puis se jette sur moi pour me réconforter. Pendant que mon père reprend ses esprits, ma mère, affolée, appelle Papi. Il lui dit alors de me prendre avec elle et de sortir de l'appartement.

— Je viens vous chercher tout de suite.

Quand mon père revient à lui, nous sommes déjà sur le chemin, à la rencontre de Papi et de son cousin. Mais, tout à coup, on entend crier derrière nous. Les hurlements de mon père résonnent dans le quartier endormi. Mon père me tire par la main, tandis que maman me maintient fort dans ses bras. C'est alors que Papi et son cousin interviennent, le secouant et lui donnant des coups, pour lui faire lâcher prise. Dans les bras de ma mère, je pleure en assistant à cette scène, que je ne comprends pas.

Pour la énième fois, nous repartons vivre chez mon grand-père. Je grandis ainsi dans les cris et l'ambiance lourde, parfois violente. Je m'habitue à voir débarquer les pompiers. J'apprends à faire ma valise comme une grande. Maman préfère fuir plutôt que de rester ici. Déménager. Encore. Pour mieux revenir. Pour mieux repartir. Jusqu'à ne plus jamais revenir.

3

Jeunes mamans

Nous sommes en 2005. J'ai huit ans quand ma mère et moi emménageons définitivement chez Papi. L'appartement de mon grand-père est « dans son jus », comme on dit. Le mobilier, en bois foncé, repose sur un sol en tomettes rouges. Je m'installe dans ma chambre, sors les affaires de mon sac et les range dans la commode. C'est — normalement — la dernière fois que je défais ma valise.

Papi habite seul : mes grands-parents sont divorcés. Mon grand-père a dix-sept ans lorsqu'il rencontre ma grand-mère, âgée de douze ans. Ils vivent un amour secret. Quand ma grand-mère a seize ans, il la demande en mariage. Un mois avant le jour J, ils apprennent que ma grand-mère est enceinte. Très croyants, il n'est pas question d'avorter. Ils gardent l'enfant, qui n'est autre que ma mère.

Mon grand-père a vingt-et-un ans quand il devient papa. Ils s'aiment de nombreuses années, durant lesquelles ils ont encore deux filles, soit trois au total. Papi, de plus en plus spirituel, n'est plus en phase avec ma grand-mère. Il a un côté très mystique, que ma grand-mère n'a pas. Petit à petit, ils s'éloignent l'un de l'autre. Quand il se tourne vers Dieu, elle préfère s'amuser. Tout comme ma mère, elle a l'impression d'être passée à côté de sa jeunesse. Autrement dit, elle vit son adolescence avec un peu de retard. C'est la fin de leur couple.

Ma grand-mère rattrape donc le temps perdu, jusqu'à ce jour, tragique, où elle fait un AVC. Je suis encore dans le ventre de ma mère. Son bras reste paralysé, mais ça ne l'empêche pas de vivre et de trouver de nouveau l'amour.

Chez Papi, je reçois l'éducation que je n'ai jamais eue. Il m'inculque ses valeurs et ses principes. Il faut s'aimer les uns les autres et respecter tout ce qui est vivant, même un arbre.

Après plusieurs semaines sans voir mon père, je décide d'aller lui rendre visite. Je sonne à la porte de mon ancien chez-moi. Papa ne répond pas. Je sonne plusieurs fois, mais personne ne m'ouvre. Je rentre chez mon grand-père, déçue, mais pas vraiment surprise.

Tous les soirs, ma famille se réunit au complet. Ma mère, mon grand-père, mais aussi mes deux tantes, mon oncle et mon cousin, qui habitent le même quartier. Progressivement, je me rapproche de ma tante, la plus jeune, qui n'a que sept ans de plus que moi. C'est un peu la grande sœur que je n'ai jamais eue. Tous les soirs, à vingt heures précises, elle, mon cousin et moi, nous installons devant *Plus Belle la Vie*, assiette sur les genoux, pendant que les plus grands dînent dans la cuisine. C'est notre rituel.

Bientôt, je retourne voir mon père. Ou disons que je retente ma chance. À force de sonner chez lui, il finit enfin par m'ouvrir. Où était-il, toutes ces fois où j'ai sonné dans le vide ? Je ne lui poserai jamais la question, car je ne veux pas connaître la réponse. Je prends l'habitude de voir mon père une fois par mois. Ce n'est pas une partie de plaisir, parce qu'il est toujours saoul. C'est mon père, je ne peux pas l'abandonner comme ça. Pourtant, je redoute de lui faire face. Sera-t-il en état de me recevoir ? Je ne le sais jamais. Ça dépend des jours, ça dépend de la

Bouteille. C'est elle qui dirige sa vie. Plus le temps passe, moins je fais l'effort de me rendre chez lui.

Nous n'avons plus rien à nous dire. Rongé par l'alcool, mon père n'est plus lui-même. Cela me fait beaucoup de mal de m'adresser à ce fantôme, qui ressemble vaguement à mon père. Alors, j'espace de plus en plus mes visites. Désormais, je ne le vois plus que tous les deux mois.

Un soir, alors que mon grand-père est sorti, ma mère invite sa meilleure amie, Stéphanie. Elle aussi est maman, d'un petit garçon de deux ans. Elles essaient différentes tenues, défilent dans le salon, se maquillent en riant. « Ce soir, c'est la fête ! », répètent-elles. Elles dansent et chantent, euphoriques. Enfin, c'est l'heure d'y aller. Stéphanie couche son bambin sur le matelas, à côté de mon lit.

— Je te le confie, ma jolie, me dit-elle.

Puis, la porte d'entrée claque derrière elles. Je regarde le petit garçon, qui n'a pas l'air d'avoir envie de dormir. J'attrape un livre, m'assieds par terre à ses côtés. Je lui lis histoire, puis je le borde. J'ai neuf ans, et je joue à la maman pour de vrai. Et cela est bien plus compliqué qu'il n'y paraît. Pourquoi le petit pleure-t-il ? A-t-il faim ? Soif ?

Dois-je en vouloir à ma mère d'avoir été immature ? Dois-je lui en vouloir de m'avoir mise au monde si tôt, alors qu'elle était encore elle-même une enfant ? Aurais-je existé si mon père n'avait pas insisté ? Je suis l'enfant de deux fantômes, qui m'abandonnent à tour de rôle. Je suis l'enfant que l'on prend pour une grande, que l'on croit capable de tout encaisser. L'enfant dont on pense qu'elle ne ressent rien. L'enfant que l'on croit capable de jouer, elle-même, à la maman.

Quelques jours après avoir joué à la nounou, je tente une nouvelle fois de rendre visite à mon père. Je sonne à sa porte et j'entends, bientôt, des pas dans le couloir. Il se passe un petit moment avant que mon père n'ouvre la porte. En le voyant, je me demande pourquoi j'ai pris la peine de venir. À quoi va encore ressembler mon après-midi ? Son haleine empeste l'alcool. Il me fait signe d'entrer, quand soudain, il s'écroule par terre. Sans réfléchir, j'appelle le 18. Je donne mon nom, mon adresse, puis j'explique la situation. Toujours la même phrase :

— Bonjour, je m'appelle Carla Moreau, j'habite rue Locarno, dans le cinquième. Mon père fait un coma éthylique, il est inconscient.

Puis, j'appelle ma mère pour la prévenir. En attendant que l'on me vienne en aide, j'essaie de réveiller mon père. Comme il ne réagit pas, je le mets en Position latérale de sécurité. Je connais ces gestes par cœur. Je m'assois à ses côtés, je prends sa main et la colle contre son oreille opposée. Je rassemble ses deux jambes, je replie sa jambe la plus éloignée de moi, puis, en tirant sur son genou, je le tourne vers moi. Enfin, je fais le geste auquel je n'aurais jamais pensé pouvoir m'accoutumer : je lui ouvre la bouche, pour qu'il ne s'étouffe pas avec son vomi...

Malgré mon jeune âge, je suis, tristement, habituée à cette situation. Je n'ai même plus vraiment peur. Je sais que mon père va être emporté par les pompiers, et qu'il reviendra, dans quelques jours ou quelques semaines, « tout neuf ». Enfin, soi-disant tout neuf. Car cela ne dure jamais longtemps.

Quand les secours arrivent, deux pompiers emportent mon père sur un brancard. D'autres hommes inspectent l'appartement, à la recherche de je-ne-sais-trop-quoi. Une piste. Le type d'alcool qu'a bu mon père, la quantité ingurgitée. À première vue, rien d'inhabituel : un verre et trois bouteilles de whisky sur la table. Mais en soulevant le canapé, ils découvrent le vrai « trésor » de mon père : une centaine de bouteilles de Jack Daniel's. Certaines sont vides, d'autres pas.

C'est en voyant toutes ces bouteilles accumulées, que je réalise la quantité d'alcool que mon père inflige à son corps. Curieusement, je suis plus choquée par la découverte de ces dizaines de bouteilles, que par le coma de mon père. Cette scène reste gravée à jamais dans ma mémoire. Mais cette situation n'est, finalement, pas la même que d'habitude. J'ai eu tort de croire à une simple routine. Car cette fois-ci, mon père ne se réveille pas.

Ma mère et moi allons régulièrement lui rendre visite à l'hôpital. Mon père est inanimé, sous le drap blanc. Je me rapproche doucement de son visage, écoute son souffle. Est-ce qu'il respire ? Est-ce qu'il m'entend ? Le coma va durer plusieurs longues semaines.

— S'il continue comme ça, il finira par ne plus se réveiller, dit le médecin.

Sur un prospectus, posé sur une table de la salle d'attente, je lis :

« L'alcoolisme est une addiction à l'alcool qui a des conséquences néfastes sur la santé, la vie sociale et la vie affective. Sa consommation excessive serait responsable de près de 40 000 décès par an en France. »

Le mot *décès* me glace le sang. On ne se rend vraiment compte du problème que lorsque cela touche un proche...

« La consommation de boissons alcoolisées devient alors prioritaire. Le désir de boire de l'alcool devient impossible à maîtriser et doit être assouvi, au détriment de toute autre considération. »

Toute autre considération, c'est-à-dire nous, Maman et moi.

« L'alcool devient une obsession. Sa consommation doit être poursuivie même lorsqu'elle entraîne des conséquences problématiques. »

Cela veut-il dire qu'il ne s'arrêtera jamais ?

Je comprends, du haut de mes neuf ans, que je dois prendre de vraies distances avec mon père, si je ne veux pas que son problème déteigne sur ma vie. Choix douloureux pour un cœur de petite fille.

4

Invisible

Mon père disparaît alors, peu à peu, de ma vie. Un vide impossible à combler réellement. Mais que choisir entre l'absence et le malheur ?

Heureusement, Papi est là. Il m'apporte ce dont un enfant a besoin. On ne roule pas sur l'or, mais on s'en sort. Un sou est un sou. Pas de dépenses inutiles, ce qui permet de mettre de l'argent de côté pour partir en vacances, au ski ou à la frontière espagnole. Mon grand-père s'occupe de moi comme un *vrai* papa. Jamais je n'ai reçu autant d'amour. Bien sûr, maman m'aime, je le sais. Même si elle ne le montre pas. Régulièrement absente, elle semble préférer ses sorties entre amies…

— Je rattrape le temps perdu, tu comprends ? me dit-elle souvent.

Je me sens si seule.

J'ai bientôt dix ans, quand ma mère rencontre mon beau-père. "Philippe" a une fille de mon âge. Sera-t-il un substitut de papa ? Sera-t-elle un substitut de sœur ? Allons-nous enfin ressembler à une famille normale ?

Pour vivre leur amour, ma mère et Philippe vont, à tour de rôle, l'un chez l'autre. Je me laisse trimbaler, d'appartement en appartement.

Je m'entends bien avec Philippe et sa fille. En même temps, je suis malléable, facile à emporter et caser dans un coin.

En 2007, maman tombe enceinte d'un garçon, qu'ils appelleront Nicolas. Ils décident alors de vivre tous ensemble. Nous quittons l'appartement de Papi, pour aller nous installer dans une petite maison, loin du quartier dans lequel j'ai grandi. Maman n'a pas envie de quitter le quartier, mais Philippe le déteste. Si je comprends bien, c'est désormais Philippe qui décide de nos vies.

Je refais donc ma valise, et laisse derrière moi mes repères, mon pilier : mon grand-père, pour essayer de trouver ma place dans cette famille recomposée. Ma mère ayant eu un enfant, je me sens délaissée. Ce n'est pas de sa faute, je sais qu'un bébé a besoin de beaucoup d'attention.

Mais je me demande quand mon tour viendra d'avoir de l'attention.

Les années passent, j'entre dans l'adolescence. Ma mère me laisse faire ce que je veux, et ça ne plaît pas à Philippe. Pourtant, je ne fais pas de grosses bêtises, je ne fume pas, je ne bois pas. Je ne connais que trop bien les ravages de l'alcool. Et puis, je me demande qui viendrait à mon secours, si je gisais ivre quelque part ? Mon père serait trop saoul, ma mère trop occupée. Je fais donc attention à ne jamais me retrouver « en difficulté ». Je suis plutôt sage. Mais c'est vrai que je fais ma vie. Je vais et je viens, sans rendre de compte. Et mon beau-père n'aime pas ça.

Au collège, je ne suis pas bonne élève, mais je suis populaire. Je fais attention à ma coiffure, ma tenue, ma posture. Se tenir bien droite, les cheveux bien coiffés, le sourire aux lèvres. J'ai assez de succès auprès des garçons, mais aussi auprès des filles. Je veux dire que j'attire l'attention. Quand je rentre à la maison, je reprends mon rôle de fille invisible. Je m'enferme dans ma chambre et pense à la tenue que je porterai demain. Être appréciée, ça se travaille. Mais derrière cette façade de leader, se cache une blessure, profonde et béante : la solitude.

Lorsque je franchis les portes du collège, on me regarde. Je me dois d'être à la hauteur de l'image que l'on me donne. Sourire, surtout ne pas oublier de sourire. Que l'on me voit. Que l'on m'aime. J'ai tellement besoin d'être regardée. J'ai tellement besoin d'être aimée. Que l'on sache que j'existe. Je *dois* être sur le devant de la scène.

5

Une blessure de plus

Mes années collèges sont terminées, enfin. Je n'envisage pas d'aller au lycée. Les études, ce n'est pas mon truc. Je ne suis pas faite pour rester assise sur une chaise, du matin au soir, dans une salle de classe. Je veux être indépendante, le plus rapidement possible. Je décide donc de quitter l'enseignement général. Je m'inscris en CAP coiffure, car je sens que ce métier me correspond. Mettre en valeur, faire marcher ma créativité. J'aime les métiers qui font « briller » les gens. Coiffeuse, maquilleuse, mais aussi le mannequinat, le cinéma, la photo. Les métiers de podium, de lumière, de paillettes.

Durant les vacances d'été, je sors un peu plus qu'à l'accoutumée. Je passe énormément de temps avec mes amies. Je fais du lèche-vitrines, je bois des diabolos fraises en terrasse. Je rate les repas de famille.

Un jour, je rentre à la maison plus tard que je ne l'avais prévu. Tout le monde a déjà dîné. Ma mère, comme toujours, ne m'en tient pas rigueur. En revanche, mon beau-père n'apprécie pas du tout. Je me serre dans le frigo, vais m'installer dans ma chambre avec mon assiette, devant la télé. Dans le salon, le ton monte d'abord, puis plus rien, lorsqu'une demi-heure plus tard, mon beau-père me convoque. Je les rejoins, timidement. Je pense être punie, mais je suis loin d'imaginer ce qui m'attend réellement : mon beau-père vient de lancer un ultimatum à ma mère. C'est lui, ou moi. Il ne faut à ma mère qu'une trentaine de minutes pour prendre sa décision. Et à vrai dire, la réponse ne me surprend même pas : ma mère choisit mon beau-père. Je ne suis plus la bienvenue chez moi.

Ma mère s'organise donc alors pour que j'aille vivre ailleurs. Papi est fragile depuis quelque temps et doit passer des examens. Il ne dort pas la nuit, et semble couver quelque chose de grave. Je ne peux pas aller vivre chez lui, car il ne faut pas le déranger. Après quelques coups de téléphone, la solution est vite trouvée. On me case chez ma tante, la plus jeune. Celle qui n'a que sept ans de plus que moi. Je fais de nouveau mes valises, et quitte la maison. Je ne pleure pas. Je crois que je ne réalise pas encore. Ou bien suis-je simplement habituée à être abandonnée ? Pourquoi ne pas tenter de m'éduquer, plutôt que de me mettre dehors ? Un mal-être m'envahit. Je ne me sens chez moi nulle part, mais je suis si accoutumée à ce genre de situations que je ne parviens pas à l'admettre. Je n'arrive pas à mettre le doigt sur les raisons profondes de mon mal-être. J'emménage alors chez ma tante et son conjoint, qui sont, eux, heureux de m'accueillir. Afin que j'aie mon indépendance, ils ont fait monter un mur dans le salon pour me créer une petite chambre.

Septembre. J'entre en CAP coiffure. Je m'adapte rapidement à ma nouvelle classe. J'alterne entre les cours et le salon de coiffure. Tous les soirs, je retrouve ma « famille d'accueil ». Je me sens bien avec eux. Entourée. Aimée. Mon oncle, qui n'est pourtant qu'un oncle par alliance, me considère comme sa fille. Ma tante, c'est ma meilleure amie, ma sœur, ma confidente. Une seconde mère. Élevées par notre grand-père, nous avons les mêmes valeurs. Chacune conseille l'autre lorsqu'elle en ressent le besoin. Nous sommes comme les deux doigts de la main. Je la suis partout où elle va. Nous sommes inséparables.

Je n'ai pas coupé les ponts avec Maman, car c'est ma mère. Mais c'est le cœur lourd que je lui donne des nouvelles. Je peux lui pardonner qu'elle ait choisi mon beau-père, mais je ne peux pas oublier. C'est une blessure de plus qui ne cicatrisera pas.

6

Le coeur des hommes

La première fois que je sors en boîte, j'ai dix-sept ans. J'emprunte la carte d'identité de l'une de mes collègues du salon de coiffure, âgée de vingt ans, qui me ressemble vaguement. Blonde toutes les deux, le videur n'y voit que du feu.

Les tenues des filles sont sexy. C'est à celle qui se fera le plus remarquer auprès des garçons. Comme toujours, j'ai donné le meilleur de moi-même, afin que l'on me remarque. Et soudain, au loin, j'aperçois un garçon vraiment beau. J'ai les yeux qui brillent, des papillons dans le ventre. Je crois que c'est ce qu'on appelle le coup de foudre… Il est grand, les muscles dessinés sous son tee-shirt blanc, sourire ravageur. Il plaît beaucoup aux filles, à en juger l'attroupement féminin à ses côtés. Il commande un verre, puis nos regards se croisent. Mon cœur bat la chamade. Puis, il disparaît dans la foule.

Chaque week-end, je retourne dans la même boîte de nuit, espérant le croiser, mais n'osant jamais lui parler. Plusieurs fois, ses yeux plongent dans les miens, et je deviens toute rouge. Quand enfin, il vient à ma rencontre. Mon pouls s'accélère, j'ai la bouche sèche. Je me sens toute liquide. Mes jambes sont en coton.

— Salut, moi c'est Pierre.

J'apprends que "Pierre" est le cousin d'un homme que nous appellerons "A.", candidat des *Marseillais*. Nous parlons longuement. Le courant passe. Entre nous, la conversation est fluide, comme si l'on se connaissait depuis toujours. C'est *lui*. Je le veux, et je l'aurai. J'enfile ma peau de séductrice. À la fermeture de la boîte, Pierre me propose de le revoir dans la semaine.

J'ai réussi.

Nous nous voyons souvent, en journée. J'aime ces rendez-vous galants, où nous nous promenons main dans la main. J'aimerais que ces moments durent toujours. Ces moments simples, où juste nos mains s'enlacent. J'ai souvent l'impression de ne pas être née à la bonne époque. Aujourd'hui les filles ne sont plus courtisées, mais sifflées dans la rue. Vivre avec son temps, c'est ce que l'on dit souvent. Et c'est bien le problème. J'apporte de l'importance à la courtoisie d'antan. Je crois aux contes de fées et en l'amour véritable. L'homme de toute une vie. Le seul et l'unique. Le père de mes futurs enfants.

Pierre est gentil, tendre, attentionné. Tout ce dont rêvent les filles. Enfin, nous échangeons un premier baiser. Je me sens toute chose. C'est comme dans un rêve. Plus les semaines passent, plus mon amour pour lui est fort. À Pierre, je cache ma virginité, car j'ai peur que cela lui fasse peur. C'est seulement après plusieurs semaines de relation que je décide de m'offrir à lui. Car je m'imagine déjà qu'il est l'homme de ma vie. À cet instant, je ne sais pas encore que cette relation ne sera pas aussi idyllique que je l'imaginais...

Chaque week-end, nous retrouvons nos amis en boîte. Toujours la même. Parfois, j'ai l'impression que Pierre reluque, du coin de l'œil, d'autres filles. Mais je me trompe sûrement. D'ailleurs, Pierre me répète souvent : « T'es parano ». J'éteins la petite voix, en moi, qui s'époumone à me dire de me méfier. Jamais Pierre ne me tromperait. À moins que ?

Puis, un jour, j'entends des rumeurs sur une certaine relation entre Pierre et une fille, dont je tairai le nom. Furieuse, je demande la vérité à Pierre.

— Oui, c'est vrai. Je sors avec elle, me répond-il simplement, sans la moindre excuse ni le moindre remord.

J'explose. Je lui hurle dessus. Comment peut-il me faire ça ?! Moi qui me suis donnée à lui. Je repars chez moi, triste et en colère.

Il me quitte donc du jour au lendemain, sans aucun ménagement, pour vivre au grand jour sa nouvelle relation. Le monde s'écroule autour de moi. Je n'ai plus goût à rien, d'ailleurs, je ne mange plus. Et je ne dors plus non plus. J'ai des crampes dans le ventre. Je pleure tellement que j'ai les yeux bouffis.

Mais, contre toute attente, Pierre n'avait pas dit son dernier mot. Après s'être amusé, il revient, un bouquet de fleurs à la main. Il s'excuse, encore et encore. Il me supplie de lui donner une seconde chance. « On était si bien ensemble » me répète-t-il. C'est vrai, qu'on était bien ensemble... Alors, pourquoi m'avoir quittée pour une autre ? Trop amoureuse, et trop malheureuse pour le laisser filer, je finis par lui pardonner. Pourtant, je connais, par mon père, ce genre de promesses :

« Promis, j'arrête ! » Devrais-je me méfier ?

Nous nous remettons donc ensemble, et notre relation est encore plus intense qu'avant. Mais, finalement, Pierre me quitte rapidement pour une autre. J'ai de nouveau cette sorte de déjà-vu. Cette sensation familière, bien plus lointaine que mon histoire avec Pierre. Une sensation d'abandon. Je me retrouve alors face à moi-même. Je vais très mal, et ne supporte pas ma propre présence. La solitude est extrêmement pesante. Je suis au bord du gouffre. J'apprendrai plus tard que mes maux portent un nom : la blessure d'abandon.

7

Explications : Qu'est-ce que la blessure d'abandon ?

Ce chapitre est une parenthèse, pour permettre à ceux qui souffrent de la même blessure que moi, de pouvoir la comprendre et la guérir.

La blessure d'abandon a été découverte par la psychologue Louise Bourbeau. Elle en parle dans son livre « Les 5 Blessures qui empêchent d'être soi-même. » que je vous recommande.

Ces cinq blessures sont la Trahison, le Rejet, l'Abandon, l'Humiliation et l'Injustice.

La blessure d'abandon correspond au fait de se sentir seul, abandonné, pas assez aimé, en insécurité affective et se manifeste par la crainte d'être séparé des gens que l'on aime, de se retrouver seul.

Cette blessure est un ressenti vécu dans l'enfance, apparu à la suite d'une impression d'insécurité, ou de l'absence physique ou psychique d'un parent qui n'a pas assez donné d'attention ou d'affection à son enfant.

Le sentiment d'abandon n'est pas forcément causé par un abandon physique. L'enfant peut ressentir qu'il n'est pas désiré ou qu'il n'est pas aimé comme il le souhaiterait.

Jusqu'à aujourd'hui, mes relations amoureuses se ressemblent et se répètent. Je ne prête pas d'attention aux « gentils garçons ». Ceux qui veulent vraiment me rendre heureuse, être sincères, me donner de l'affection. Ceux qui n'ont pas prévu de m'abandonner. Je ne sors qu'avec des mecs qui me font de la peine, ne m'aiment pas comme ils le devraient, jouent avec moi. Inconsciemment, je reproduis un schéma. Comme si mon cerveau choisissait les hommes en sachant que ceux-ci allaient m'abandonner. Plus le garçon est distant, plus je m'accroche. Plus je me justifie. Plus je suis gentille. Plus je le supplie de rester. Je suis comme ces chiens battus, qui reviennent toujours vers leur maître. Plus on me délaisse, plus je m'accroche. J'installe ma relation amoureuse sur un piédestal. Je m'y jette à corps perdu. Puis, quand vient la « chute », je suis littéralement dévastée. Je sens un vide dans ma poitrine, incommensurable. Des images me reviennent en tête. Celle d'un père qui, du jour au lendemain, m'abandonne pour la Bouteille. Celle d'une mère qui choisit son homme à sa fille.

Dans mes relations amicales, je suis d'abord sauvage, méfiante. Pas assez longtemps, peut-être. Car une fois que l'on m'a apprivoisée, une fois que l'on a brisé ma carapace, je me donne toute entière. Mes secrets, ma confiance. Et j'attends de mes amis qu'ils en fassent autant. Ils font partie intégrante de ma vie. J'ai besoin d'eux. Lorsque j'ai des décisions à prendre, c'est à eux que je m'en remets. Les yeux fermés. À la moindre occasion, je les couvre de cadeaux et de petites attentions. J'aime faire plaisir — souvent à l'excès. Puis, arrive le jour où je suis déçue. Laissée de côté. Remplacée. Abandonnée. Me sentir remplacée ou oubliée par quelqu'un est la pire des émotions pour moi. Moi qui avais donné ma loyauté... Et ma douleur prend alors des proportions démesurées.

Si l'on ne guérit pas de nos blessures, nous pouvons vivre toute notre vie sous leur influence. Les personnes qui n'ont pas encore réglé leurs blessures sont plus susceptibles de tomber dans des relations malveillantes : manipulateurs, pervers narcissiques, ou toute sorte de personnes toxiques, comme j'en croiserai par la suite.

Chaque personne blessée va interpréter une situation selon sa blessure d'enfance. Face à une même situation, une personne qui a une blessure d'humiliation, par exemple, ne va pas réagir de la même manière qu'une personne qui a un syndrome d'abandon. On va alors entendre "Pourquoi m'as-tu humiliée ?" ou "Pourquoi m'as-tu abandonnée ?" face à la même situation. Quand on a connaissance de sa ou ses blessures, il faut alors réinterpréter la situation en se demandant si notre réaction n'est pas due à notre blessure.

La peur de l'abandon est souvent associée à une faible estime de soi : on se dit que si l'on a pu être « abandonné », c'est sûrement parce qu'on ne méritait que ça !

La personne qui souffre de la blessure d'abandon va fabriquer ce que l'on appelle : « Le masque du dépendant ». Les comportements adoptés par le dépendant peuvent lui créer de vrais problèmes dans ses relations, qu'elles soient amoureuses, amicales, familiales ou même professionnelles.

Le *dépendant* a un grand besoin d'être admiré.

Comme il se sent abandonné, il n'arrive pas à se donner de l'amour, car il pense ne pas le mériter. Il se met en tête que les autres sont toujours mieux que lui. C'est mon cas, et c'est pour ça que je me surpasse pour toujours être au top, comme, par exemple, en organisant les événements les plus incroyables.

Comme le dépendant n'arrive pas à s'aimer, ou à avoir d'estime de lui-même, il va se concentrer sur les autres pour combler l'amour qu'il n'a pas pour lui-même. Pour ma part, je suis quelqu'un qui prend toujours soin des autres. Je les fais toujours passer avant moi, je fais énormément de cadeaux... Comme si j'étais moins importante que les autres.

Le dépendant a aussi besoin de recevoir beaucoup d'attention, d'être soutenu, de se sentir aimé. En y réfléchissant aujourd'hui, je pense que c'est la raison principale pour laquelle j'ai fait de la télé-réalité. J'avais besoin de combler un vide. Besoin que l'on me regarde. Être connue, reconnue. J'ai toujours voulu être dans la lumière. Depuis la maternelle. Mais je ne savais pas encore pourquoi. Tout ce que je fais n'est jamais banal. Je fais tout à ma manière, car je veux non seulement faire plaisir, mais également en mettre plein la vue. Peut-être que je cherche, d'une certaine manière, la fierté de mes parents...

La plus grande peur du dépendant est la solitude. Il est persuadé qu'il ne peut pas vivre seul. Il est prêt à endurer des situations difficiles, à accepter énormément de choses, à faire tout et n'importe quoi, pour qu'on ne le laisse pas tomber, pour ne pas être seul, pour ne pas être de nouveau abandonné. Et, vous allez le découvrir, c'est ce qui m'arrivera bientôt, avec un homme que nous allons appeler "K."...

8

Les montagnes russes

En 2013, nous apprenons la terrible nouvelle. Rongé par un cancer fulgurant, Papi nous quitte. C'est le choc. Mon pilier, mon père de substitution, est mort. Dévastée, je vis son décès comme celui de mes propres parents. Son décès va causer la perte de tous mes repères. À qui vais-je demander conseil, au cours de ma vie, lorsque j'aurai un problème ? Qui va m'aiguiller et valider mes choix ? À qui vais-je donner tout cet amour, qui me reste sur les bras ?

Après le deuil, il faut s'occuper des papiers et des biens immobiliers. N'ayant pas envie de vendre l'appartement familial, après réunion de famille, on me propose de récupérer le logement, moyennement que je paie les charges. Sans réfléchir, j'accepte immédiatement. Je veux sentir Papi tout autour de moi, dans le buffet de l'entrée, la tasse qu'il avait habitude de prendre pour boire son café noir du matin. Je peux entendre nos fous rires comme une empreinte dans les murs.

Quelques mois plus tard, j'emménage donc chez mon grand-père, et poursuis mes études de CAP coiffure. La solitude étant de plus en plus pesante, j'invite une copine à me rejoindre pour partager l'appartement.

Avec Pierre, rien ne change vraiment. Je ne suis qu'une marionnette. Tiraillée entre les séparations et réconciliations avec Pierre, j'obtiens quand même mon CAP. Toutes mes déceptions m'auront au moins servi à me forger un caractère de battante. Une fois que je commence quelque chose, je vais jusqu'au bout.

J'entame bientôt mon BEP coiffure. En parallèle, je me lance en tant que modèle photo. Toujours dans ce besoin d'être regardée, reconnue. Validée. *Rassurée.* Je pose bénévolement, par plaisir. Sous les flashs, je me sens exister.

Et ce compte Facebook m'apportera bien d'autres choses que des likes et des commentaires. Car un jour, je reçois, sur mon compte, un message d'un casteur de télé-réalité. Je suis très surprise : l'homme me propose de passer un casting pour un tournage de télé-réalité. Mais j'apprends rapidement que ce tournage n'est pas ou très peu rémunéré. À ce moment-là, la télé-réalité n'est pas ce qu'elle est aujourd'hui. Les revenus, pour les candidats, ne sont pas les mêmes. L'image, non plus, n'est pas la même. Et Instagram vient juste de voir le jour. Ne connaissant pas trop ces émissions, et l'obtention de mon BEP étant ma priorité, je décline leur proposition. Je n'ai pas conscience qu'en refusant, je ne fais que reculer un peu mon destin.

Côté amour, ce sont toujours les montagnes russes avec Pierre. J'aimerais être plus forte, lui dire « non, je ne retournerai pas avec toi ». Mais je n'y arrive pas. De peur de le perdre, j'accepte l'inacceptable ; je pardonne l'impardonnable. Bientôt, je vais aller beaucoup plus loin, et commettre l'erreur de ma vie.

9

L'erreur de ma vie

Désespérément amoureuse de Pierre, je tente le tout pour tout. Je fais quelque chose que je n'aurais jamais pensé faire un jour : j'entreprends de contacter une voyante. Je tape simplement “Voyante Marseille” sur Google, et je prends le premier lien que je trouve.

Trompée, manipulée, perdue, je veux savoir ce qui m'attend avec Pierre. Je veux un avis extérieur. Comme toujours, j'ai besoin que l'on me guide dans mes choix. Je prends donc un rendez-vous pour me faire tirer les cartes. Le Tarot pourra sans doute m'aider à y voir plus clair, et à m'orienter dans ma décision.

J'entre d'abord dans une salle d'attente sordide, remplie de gens plutôt bizarres, installés sur des chaises en plastique, le long du couloir. Je n'ai pas encore dix-huit ans, et ces gens m'impressionnent. Je me demande ce que je fais ici. Puis, vient enfin mon tour.

Je découvre alors le cabinet de la voyante. Sombre, curieux, rempli de bougies. Des poupées vaudoues, des aiguilles, des poudres ressemblant à des épices sont posés sur les meubles, ainsi que des bâtons d'encens, des pommes, des pierres précieuses... Sur le moment, je pense : "Je suis à Poudlard, ou quoi ?"

La voyante, dont le physique ne correspond pas au décor, me fait asseoir en face d'elle. Jeune et assez féminine, elle n'a rien d'une Madame Irma, contrairement à son cabinet de voyance. Elle me tire d'abord les cartes, puis, très vite, me parle de « philtre d'amour », de « magie », de « retour affectif ». Elle prétend pouvoir faire renaître l'amour entre Pierre et moi. Elle me garantit qu'il sera fou de moi, et ne jouera plus jamais avec mes sentiments. Je suis d'abord réticente. Chrétienne et superstitieuse, j'ai peur que cela me retombe dessus. J'ai souvent entendu dire qu'il y a un prix à payer lorsque l'on fait appel aux forces surnaturelles. De plus, je me souviens des avertissements de Papi : ne jamais faire appel aux arts divinatoires. Il n'est pas bon de connaître son avenir. Encore moins de tenter de le modifier. Avertissement dont je ne tiens pas compte.

Au fur et à mesure de la consultation, je suis mise en confiance. La voyante, ou sorcière — je ne sais plus trop comment il faut la nommer — me pose beaucoup de questions. Je me dévoile, comme avec une psychologue. Je lui fais part de mes craintes, de ma peur de l'abandon. Ma peur, la voyante l'a bien comprise. Très convaincante, elle continue dans ses explications, puis m'annonce les prix. Dérisoires d'après elle, pour retrouver l'homme que l'on aime. « L'amour n'a pas de prix ». Mais je gagne, à cette époque, seulement neuf cents euros par mois, et la voyante m'en demande mille-deux-cents pour sa prestation. Je ne peux clairement pas payer une somme pareille. C'est alors qu'elle me propose une solution.

— Ne t'inquiète pas, j'accepte les paiements en trois fois.

J'ai la gorge nouée, le cœur battant, des sueurs froides. La voyante continue de vanter les mérites du retour affectif. D'après elle, je pourrais contrôler ma vie. *Contrôler ma vie...* Cette vie qui, jusque-là, n'est que déceptions.

À l'époque, je suis encore innocente. Je crois en l'amour, aux contes de fée. Ce prince en cheval blanc qui viendra me délivrer de ma tour !

Elle me dit avoir pour clients des tonnes de stars, comme un célèbre juré de l'émission *The Voice*. Elle m'assure leur avoir changé la vie.

— Je peux te rendre l'amour de Pierre, poursuit-elle. Faire en sorte qu'il revienne, et qu'il ne te quitte plus jamais.

Tout cela me paraît trop beau pour être vrai. Trop beau, mais tellement tentant. Puis-je faire en sorte de garder les gens auprès de moi ? Puis-je faire en sorte que l'on arrête de m'abandonner ? La voyante m'a percée à jour, semblant si bien me connaître.

J'annonce ne pas pouvoir payer la prestation qu'elle me propose. Je paye le prix de la consultation, d'un montant de soixante-dix euros environs. Je rentre chez moi, pensive, rêveuse. Je ne parle à personne de ce rendez-vous, je le garde secret, et réfléchis : comment me procurer, le plus rapidement possible, mille-deux-cents euros ?

Je me souviens alors que j'ai un carnet de chèques de mon père dans mes affaires, qui s'est retrouvé là par erreur. Je regarde attentivement le chéquier. J'hésite longuement. Je sais que ce que je m'apprête à faire est grave. Mais mon amour pour Pierre est plus fort que la raison.

Je détache délicatement trois chèques, note un montant de quatre-cents euros, et imite la signature de mon père. Puis, je rappelle la voyante, pour fixer un nouveau rendez-vous.

Une semaine plus tard, j'attends mon tour en salle d'attente, quand c'est enfin à moi. La voyante m'accueille, très, très chaleureusement... Je lui explique que les chèques sont à mon père, mais ça ne la dérange pas.

La séance est plutôt rapide. Elle m'explique alors qu'elle va « travailler » sur le retour affectif à distance, et qu'elle m'appellera une fois par semaine, afin d'effectuer un suivi. Tout cela, sur une durée de six mois. Je repars alors, pleine d'espoir. Bientôt, Pierre reviendra peut-être. Et si ça ne fonctionne pas, au moins, j'aurai tout essayé. Bien sûr, je reste sceptique et n'ai aucune idée de l'efficacité de ce "sort". Je n'ai pas, non plus, de preuve de la fiabilité de cette femme. Mais qui n'a jamais agi de manière totalement déraisonnable, juste par amour ou par désespoir ?

Aujourd'hui, je pense qu'une psychothérapie m'aurait peut-être évité de me faire autant manipuler ! Je me suis tant dévoilée à la voyante que celle-ci s'est servie de mes failles pour me faire payer. C'est une technique courante des manipulateurs. Faire parler les gens, apprendre à les connaître par cœur, sans jamais rien dévoiler d'eux-même. Puis, se servir de leurs points faibles pour les utiliser. Certaines personnes mettent de très longues années à admettre qu'elles sont manipulées. Parfois, une vie entière... Il n'est pas possible de comprendre ce type de liens tant qu'on ne l'a pas vécu. C'est comme demander à une femme battue pourquoi elle reste. Elle n'aura pas de réponse à vous donner. J'ai parfois entendu des gens dire "Moi, je ne me serais jamais laissé faire !" ou encore "Moi, je serais parti tout de suite !". C'est faux. Vous ne pouvez pas savoir. La situation n'est pas aussi limpide vue de l'intérieur. Il est beaucoup plus simple pour les regards extérieurs, pour ceux qui ne sont pas concernés, de réaliser la gravité des choses. Car ils ont un recul que, dans notre bulle, accrochés à nos ficelles de pantins, nous n'avons pas.

10

Sortilèges

Puis, vient le jour où mon père découvre que je me suis servi de son chéquier. Et il est, à juste titre, très en colère. Il appelle ma mère, et ne mâche pas ses mots. « *Ta* fille n'est qu'une sale voleuse ! » Je lui promets alors de le rembourser avec ma paie de coiffeuse, en plusieurs fois, échelonné sur trois mois.

Comme convenu, j'ai la voyante au téléphone une fois par semaine, pour, selon elle, « voir l'évolution ». À vrai dire, je n'en vois pas. Aucun changement particulier dans le comportement de Pierre. Je lui fais part de ma déception. Elle me donne alors les conseils à appliquer pour que le sort fonctionne : elle me conseille d'être gentille. Même si quelque chose m'agace, je dois me taire et sourire. Elle m'encourage aussi à aller le voir sur son lieu de travail, lui faire la surprise. Je m'applique à suivre les conseils de la voyante à la lettre. Lorsque je suis perturbée, inquiète quant au tournant que prend mon couple, je tente d'appeler la voyante pour qu'elle me guide, mais elle ne répond que très rarement. Sa "secrétaire" me rappelle à l'ordre :

— Vous exagérez, vous savez que vous n'avez droit qu'à un appel par semaine !

J'en déduis que la voyante est très sollicitée. Une preuve de sa notoriété et de sa fiabilité ? Preuve que cela va bientôt fonctionner ? Preuve que Pierre va revenir, éperdument amoureux ? Tout n'est, soit disant, qu'une question de temps.

Cinq mois s'écoulent, pendant lesquels je suis naïvement les conseils de la voyante. Je mets la tête dans le sable, je fais l'autruche. Je ferme les yeux sur les tromperies de Monsieur. Et un jour, alors que je me perds à tenter de reconquérir Pierre, un nouveau casteur de télé-réalité me contacte. Ne serait-ce pas un signe ? Je cogite. Pierre est justement le cousin de A., un candidat de l'émission que l'on me propose de faire : *Les Marseillais.* En participant à ce tournage, je me rapprocherai d'A., et donc, indirectement, de Pierre. Je pourrais peut-être même faire venir Pierre sur le tournage !

Au salon de coiffure, l'ambiance entre collègues me pèse. Je me dis « Allez, lance-toi ! C'est maintenant ou jamais ! » De plus, l'émission est tournée en Afrique du Sud. Ce sera pour moi l'occasion de voyager, et ce, gratuitement. Je n'ai, à ce jour, jamais quitté la France.

Je passe donc le casting pour *Les Marseillais*. Devant une toute petite caméra, je dois répondre à des questions telles que "Quel est ton trait de caractère principal ?" ou encore "Es-tu jalouse ?" On me demande également quel est mon rêve. Je réponds en avoir deux, un réalisable, et un beaucoup plus compliqué : le réaliste, c'est de mettre mes parents à l'abri du besoin. Et le moins réaliste, c'est d'obtenir l'affection, l'attention, la reconnaissance, de mes deux parents.

Bien plus tard, je comprendrai que chaque candidat est sélectionné pour un trait particulier. Moi, on m'a choisie, je pense, car on a déduit que j'étais une fille sensible, qui tombe facilement amoureuse. D'autres vont être choisis pour leur quête de reconnaissance, leur envie de briller coûte que coûte. Pour leur extravagance. Pour leur humour piquant. Ou encore pour leur côté provocateur... Les gens plus "ordinaires", qui n'ont aucune faille, aucune blessure, ou aucun trait de caractère spécifique, n'intéressent pas la production. Avant même le casting, une sorte de rôle sera attribué à chaque candidat : la fille jalouse, mignonne ou grande gueule, le mec infidèle, ou romantique, ou marrant... Selon les expériences que j'ai vécues, et ce que j'en ai déduit, j'ai l'impression que chaque candidat va être davantage choisi pour ses faiblesses que pour ses points forts. Car ce sont sur ces faiblesses que l'on va pouvoir appuyer pendant le tournage, dans le but de mettre, disons "de l'ambiance". Car s'il n'y a pas de fragilités, il ne se passe rien, le téléspectateur s'ennuie, et l'émission peut être déprogrammée au bout de trois épisodes !

Quelques jours après avoir passé mon casting, la production me téléphone déjà. J'ai du mal à réaliser et pourtant, c'est vrai. On m'annonce la bonne nouvelle : je suis sélectionnée. Puis, un jour, alors que j'ai perdu espoir, Pierre me recontacte. Alors que nous ne sommes plus vraiment ensemble, il m'invite à venir le rejoindre chez lui.

Il a l'air de bonne composition. Le sortilège fonctionnerait-il enfin ? Fermer les yeux sur les allers-retours de Pierre, a-t-il porté ses fruits, comme le conseillait la voyante — qui n'était franchement pas très visionnaire sur ce coup-là ? Excitée comme une ado à sa première soirée, je me fais belle. Maquillage, coiffure, tenue sexy.

Une fois chez Pierre, je lui dis, sourire mystérieux, que je vais m'absenter pour plusieurs semaines. Il devine immédiatement que je participe à la même émission que son cousin.

— On ne me la fait pas, à moi, me lance-t-il.

Pierre m'enlace et me soulève, fou de joie. Il m'embrasse passionnément. Comme par hasard, je deviens, soudain, très importante à ses yeux...

Pierre appelle son cousin, en couple à l'époque. Nous organisons une "réunion" chez eux, à Saint Barnabé. *A.* m'apprend « les ficelles » de la télé-réalité. Ce qu'il faut faire et ne pas faire. Comment marquer les esprits, comment faire le buzz. Il me fait la liste des Marseillais qu'il n'aime pas, et me propose une alliance. Pierre est surexcité. Il se voit déjà invité sur le tournage. Il n'a jamais été aussi prévenant envers moi. Il en devient tout mielleux.

En parallèle, j'annonce à la voyante que je ne serai plus joignable. Je lui avoue intégrer l'émission *Les Marseillais.* Grosse erreur ! Elle semble très intéressée, et me questionne beaucoup. Elle me montre bien plus d'intérêt qu'avant. Elle ne m'appelle plus une fois par semaine, mais deux. Je me sens soudain valorisée, une cliente V.I.P. J'explique que je n'ai plus besoin de ses services, mais la voyante souhaite tout de même avoir de mes nouvelles. Je lui promets alors de lui faire passer des messages, via ma colocataire. Pendant l'émission, chaque candidat a droit à un appel par semaine, en haut-parleur, devant la Nounou, pour que rien ne fuite. Les Nounous sont les personnes de la production qui s'occupent de nous et nous surveillent sur le tournage. Ce sont ceux dont nous sommes le plus proche. J'applique alors le message codé que nous avons établi entre ma meilleure amie et moi : j'appelle Pierre *Papa*, et la voyante *Maman*. C'est ainsi que je donne et prends des nouvelles, sans éveiller le moindre soupçon.

11

K.

L'enfermement, le huis clos, la vie en communauté, font que les sentiments sont décuplés. Il m'était impossible de prévoir ce qui allait se passer sur le tournage. D'ailleurs, il est impossible de comprendre réellement ce que l'on ressent sur ce genre de tournages. La proximité avec les autres, amis ou ennemis, fait de nous une grande famille. Une famille provisoire, avec qui nous semblons liés, mais avec qui nous ne garderons pas forcément de contacts une fois rentrés chez nous...

J'ai donc dix-huit ans lorsque j'intègre les *Marseillais.* Avec le recul, je me dis que je n'étais, à l'époque, encore qu'un "bébé", finalement. Une enfant innocente qui croit encore aux contes de fée, et qui ne voit pas le vice chez les gens. Je vis un peu au Pays des Bisounours. Le tournage débute, et chaque journée est à la fois très longue et très courte. Les émotions sont intenses, et j'ai à peine le temps de penser à Pierre. Cela fait-il partie du sort de me permettre de l'oublier ? Car, à peine quinze jours après le début de l'aventure, je tombe amoureuse d'un homme que nous appellerons "K."

Je meurs d'envie de l'embrasser, mais je me retiens. Je veux être "la" fille qui compte pour lui. Je ne veux pas être une conquête parmi d'autres. Quand on me regarde, on ne doit pas m'oublier. La patience est un investissement !

Une quinzaine de jours s'écoulent, jusqu'à ce fameux après-midi, cette petite promenade romantique, où il me cueille une fleur pour me l'offrir. J'ai le cœur qui chavire. Je n'arrive plus à lui résister. Nous échangeons notre premier baiser. Tout autour de nous a disparu. J'en oublie même les caméras, qui pourtant capturent ce moment magique. Les jours passent, au rythme de la passion. Une passion qui me consume. Pierre n'est plus qu'un lointain souvenir.

Entre K. et moi, tout va très vite. Nous sommes fusionnels. Je vis un rêve éveillé. Peut-être le conte de fée que j'attends depuis si longtemps ? Mais je ne me fais pas trop d'idées : j'ai bien compris que, pendant un tournage, les sentiments étaient totalement décuplés. Nous sommes les uns avec les autres, sept jours sur sept, vingt-quatre heures sur vingt-quatre, sans accès au monde extérieur — le monde réel.

Je vis pleinement mon aventure. Mais bientôt, tout s'effondre. Tout était trop beau pour être vrai. Je me doutais, au fond de moi, que cette histoire ne pouvait pas être si parfaite qu'elle en avait l'air. Je n'étais pas prête à tomber d'aussi haut : K. me trompe, et ce, devant la France entière. Comment peut-il coucher avec une autre, sous le même toit que moi ? C'est une humiliation de plus. Et une humiliation publique. Plus que jamais, je me sens totalement abandonnée. Remplacée.

Je sors immédiatement de mes gonds. C'est le clash. En plein tournage, et devant les autres candidats, je demande à K. de me rendre des comptes :

— Comment tu as pu me faire ça ?!

Et c'est vrai. Je ne comprends pas. Certes, nous sommes sur un tournage, sur lequel nous devons tout mettre en œuvre pour faire parler de nous. Mais comment peut-on trahir quelqu'un de la sorte ? Quelqu'un qui vous a déclaré sa flamme? Quelqu'un à qui vous vous êtes donnée ? La colère me gagne. Je suis partagée entre l'idée de m'enfuir pour pleurer, et l'idée de lui crier dessus. Je revis ce que j'ai vécu avec Pierre, en pire. Ce schéma qui se répète, encore et toujours. Plus tard, il s'excusera, me reprendra puis recommencera à me tromper, s'excusera de nouveau, puis, recommencera à me tromper...

Comme je l'expliquais précédemment, les personnes qui, comme moi, sont victimes de la blessure d'abandon, sont prêtes à accepter le pire pour ne pas perdre l'autre. C'est un mécanisme que je n'avais pas encore compris, et que je n'arrivais pas encore à contrôler.

En parallèle, comme convenu, une fois par semaine, j'appelle ma colocataire et fais passer des messages codés. Je lui donne des nouvelles rapides, qu'elle donne ensuite à la voyante, qui à son tour me donne des nouvelles de Pierre. Je garde secrète ma relation naissante avec K.

Je termine cette aventure, forte en émotions. Très amoureuse de K., je décide de lui donner une énième chance. Nous repartons donc en couple. Hors caméra, sera-t-il fidèle ? Jouait-il un rôle pendant le tournage? M'aime-t-il vraiment, ou tout cela n'était-il que du cinéma ? M'a-t-il trompée "pour le buzz" ?

De retour à la vraie vie, ma colocataire m'annonce qu'elle emménage avec son copain. La solitude et la déprime me gagnent. C'est la descente émotionnelle. Le retour à la réalité est un vrai choc. Le changement de décor ; le fait d'être subitement séparée de tous ceux avec qui je suis restée pendant des semaines, et ce silence...

Je dois revoir K., et vite. C'est vital. Et je ne peux pas le recevoir chez mon grand-père, dans cet appartement aux vieilles tomettes abîmées, et au mobilier passé de mode. Je veux l'impressionner, lui donner envie de venir, et pourquoi pas, de vivre avec moi. Comme dans nos souvenirs d'Afrique, dans cette belle villa. Je me lance donc à la recherche d'une nouvelle location. Mais comment trouver un appartement, quand on n'est pas salarié et que nos revenus sont inconstants ? Quand on n'a ni quittances de loyer, ni aucun papier demandé par les agences ?

Mais il faut croire que j'ai une bonne étoile. Car, miraculeusement, j'apprends que l'une de mes cousines met son appartement à la location. Un logement moderne, design, conçu par un architecte. Idéal pour reçevoir K. Ça ne pourra que lui plaire !

Et je suis, à ce moment-là, obnubilée par l'idée de lui plaire. Je veux donner le maximum de moi-même, pour être l'une de ces personnes dont on se souvient. Je veux faire partie de celles qui font envie, et non pitié. Autrement dit : je veux lui en mettre plein les yeux. J'emménage alors dans mon nouvel appartement, où passe régulièrement K. Comme je l'espérais, il s'y sent bien. Il faut dire que son appartement à lui n'est pas très accueillant. Pas très propre, non plus. À ce moment-là, notre relation semble stable. Je n'ai pas connaissance de tromperies, et me dis que le K. de la vraie vie a l'air très différent de celui du tournage.

En parallèle, la voyante tente de m'appeler, mais je ne décroche plus. Pourquoi lui répondre ? Pour l'instant, tout va bien pour moi. Enfin, c'est ce que je crois. Rapidement, K. me présente sa famille. Une famille nombreuse et fusionnelle, comme j'en ai toujours rêvé. Cela me rappelle la série *Sept à la maison*, qui a bercé mon enfance. Cette famille aimante, dont je suivais le quotidien, comme une vie de substitution.

Un jour, K. vient chez moi avec l'un de ses amis. À l'aise, il s'installe dans mon salon avec son copain, comme si c'était chez lui. Gentille et accueillante, je n'y vois pas d'inconvénient. Quand je vois que son ami se roule tranquillement un joint, puis se l'allume. Je suis étonnée, voire choquée. Non, il n'y a pas mort d'homme, mais ils auraient pu me demander si cela me dérangeait... Je ne touche pas à ces choses-là, encore moins à l'intérieur de l'appartement, et encore moins chez ma cousine... Je me sens mal à l'aise vis-à-vis d'elle, qui me fait confiance. Je fais alors comprendre gentiment à K. que cela me dérange. Mais il enroule son bras autour de mon cou, et m'attire à lui.

— Carla, ma chérie, écoute. J'ai une bonne nouvelle. J'aimerais que tu m'accompagnes à mes bookings en boîte, puisque nous sommes un couple, un duo. Tu seras payée trois-cents euros par prestation.

Sur le moment, je ne comprends pas, mais ce qu'est entrain de faire K. s'apparente à de la manipulation : il change de sujet, dévie la conversation en me proposant quelque chose qui va me plaire. De l'agacement, je passe alors à la satisfaction. Je suis flattée par sa proposition. Pourtant, il y a encore une minute, j'étais mécontente de son comportement. Comportement que j'ai, du coup, complètement oublié. Je pense :

trois-cents euros ? Pour une apparition en boîte ? Cela me paraît incroyable. C'est de l'argent facilement gagné, quand je vois les heures passées au salon de coiffure, qui ne me rapportaient que neuf-cents euros par mois...

Je compte le nombre de passages en boîte, multiplié par trois cents euros. Admettons que je fasse deux bookings par week-end, quatre week-ends par mois, cela donnerait... deux mille quatre cents euros ! Juste pour me montrer ! Ayant négocié une rupture de contrat à l'amiable avec mon ancien maître de stage en coiffure, je n'ai pas droit au chômage. J'ai bien reçu un salaire, après le tournage, d'un montant de cinq-mille euros brut. Mais, euphorique, trop jeune et n'ayant personne d'assez mature pour me guider, je n'ai pas su gérer mon argent, et ai tout flambé en quelques semaines. La proposition de K. tombe à pic. Puis, chose très importante, et peut-être primordiale pour moi : je vais pouvoir surveiller K. Le suivre en soirées me permettra de m'assurer qu'il ne me trompe pas.

Nous faisons donc plusieurs bookings. Tout cela me paraît irréel. Des gens que je ne connais pas sont venus pour nous, pour moi. Des jeunes crient mon prénom, me sifflent, veulent prendre des photos avec moi... Ça y est, j'ai réussi. Je suis passée de l'ombre à la lumière. Car j'ai beau être passée à la télé, sur une chaîne très regardée, je ne me rendais pas vraiment compte. C'est seulement quand l'émission est diffusée, et que les gens viennent me voir, et prendre des photos, que je réalise que ça y est : je suis connue.

Reconnue.

Je vis plusieurs semaines comme ça, sur un arc-en-ciel, des paillettes plein les yeux, quand j'apprends, par le biais d'une connaissance, que K. m'a de nouveau trompée. Après une grosse dispute, c'est la rupture. Encore. Il décide alors d'annuler tous nos bookings ensemble. Je me retrouve alors seule, et sans revenus...

12

La confusion

Je tombe d'abord, puis, rapidement, me relève. Mes nombreuses déceptions m'ont rendue plus forte. Les fantômes de mon passé ne m'auront pas. La tête haute, je réfléchis. Comment gagner de l'argent rapidement ? Comment mettre à profit cette notoriété naissante ? Puis, me vient une idée. Une révélation : vendre mon image. Je me lance à la recherche de partenariats, auprès de différentes marques. Je leur propose de mettre en avant leurs produits. À ce moment-là, les placements sont encore plutôt méconnus. Et je ne le sais pas encore, mais bientôt, les placements vont révolutionner le monde de la télé-réalité.

Rapidement, j'ai un retour d'une marque de soins pour la peau. On me propose deux-cents euros pour un post Instagram. Je suis aux anges, et ce n'est pas fini. Ma bonne étoile continue de veiller sur moi — c'est l'étoile de Papi. Quinze jours plus tard, j'ai la chance d'être contactée par Magali Berdah, directrice de la première agence de placements de produits. J'ose à peine y croire. Elle me propose un contrat en exclusivité. Ce n'est plus moi qui démarche les marques, mais les marques qui viennent vers moi, par le biais de Magali. Je pense alors à la candidate emblématique des Marseillais, Jessica Thivenin, que j'aime beaucoup, qui est très intelligente, sous contrat avec cette agence. Confiante, je n'hésite pas une seconde. J'accepte de rejoindre la team *Shauna Events*.

*

De nouveau célibataire, et seule dans mon appartement, la solitude me pèse. Un soir, je sors en boîte, pour tenter de combler le vide. Et je ne crois pas si bien dire : car ce soir-là, je croise Pierre. Et, bien sûr, je replonge.

Rapidement, je suis de nouveau très concentrée sur Pierre. Je ne sais pas si cela a un lien, mais les personnes hypersensibles tombent très vite amoureuses, car elles vivent les sentiments du moment présent de manière décuplée. Si je suis quelqu'un qui se laisse facilement atteindre par les émotions dans sa vie en général, imaginez lors d'un tournage de télé-réalité...

Je ne m'en rends pas compte sur le moment, mais aujourd'hui, j'ai bien compris que Pierre était opportuniste. Il n'était pas séduit par moi, mais par ma notoriété naissante.

J'ai beau être "amoureuse" de Pierre, je ne veux pas que K. m'oublie. Est-ce par égo, par fierté ? Est-ce parce que je veux être, tout simplement, quelqu'un que l'on n'oublie pas ? Suis-je avec Pierre par dépendance affective, en attendant le retour de K. ? Ou alors, suis-je vraiment amoureuse des deux en même temps ? Je suis incapable de vous le dire, car je n'en ai pas la moindre idée. Ce que je sais, c'est que je suis perdue.

À cette période, la voyante me rappelle. Souvent. Très souvent. Mais je ne décroche pas. Que me veut-elle ? Je n'ai plus besoin d'elle. Du moins, j'essaie de m'en convaincre. Mais dans un moment de faiblesse, de solitude, je cède, et décide de lui répondre. J'ai besoin de conseils, de me confier. Pudique dans mes sentiments, je ne veux pas en parler à ma tante, ni à ma mère. Je peux dire à la voyante tout ce que j'ai sur le cœur, me dévoiler entièrement. Je me sens si seule ! La voyante me dit qu'elle a regardé les épisodes des Marseillais, dans lesquels j'apparais. Je lui raconte tout. Les tromperies, les engueulades, les montagnes russes dans mon ventre.

Et, une fois de plus, elle prétend avoir la solution. Et c'est justement le problème : elle a réponse à tout. Elle propose de me ramener les deux garçons, mais je dois me déplacer à son cabinet. Désemparée, et comme j'ai de l'argent sur mon compte grâce à mes placements de produits, j'accepte un nouveau rendez-vous. Mais je ne m'attends pas à être reçue aussi bizarrement : dans le cabinet, nous ne sommes pas seules. Le copain de la voyante, ainsi que son ex mari, sont avec nous. À ce moment-là, naïve, encore et toujours, je ne pense pas que l'on puisse m'exploiter. La voyante me propose de faire de moi une star, et de me rendre K. et Pierre. Que je peux "m'amuser avec les deux". Mais je ne suis pas quelqu'un qui "s'amuse" avec les hommes ! J'aime, du plus profond de moi, démesurément, de la manière la plus déraisonnable. C'est en grande partie pour ce trait de ma personnalité, que j'ai été choisie pour faire de la télé-réalité : j'ai la maladie de l'amour. J'ai besoin d'aimer et d'être aimée. Honnêtement, je préfèrerais que l'on me jette un sort, à moi, pour que je me détache de ces deux hommes ! Ou que l'on jette un sort à seulement l'un d'entre eux, pour qu'il se décide à rester et à ne plus jamais partir. Mais les deux ? C'est beaucoup trop compliqué. De plus, je sais, au plus profond de moi, que j'ai une préférence pour K...

Bien sûr, j'ai compris aujourd'hui que tout cela était imaginaire. Que les personnes qui prétendaient vouloir mon bien, étaient là pour profiter de moi. Que ceux que je croyais être mes soutiens, n'étaient rien d'autre que les membres d'une secte. Mais sur le moment, je ne me suis pas du tout posé les bonnes questions.

Ce jour-là, la voyante me demande combien je gagne. Me croyant "en famille", je lui donne mon chiffre d'affaires. Environ trois-mille euros par mois à l'époque, ce qui est déjà beaucoup !

— Je peux te faire gagner dix fois plus. Grâce à moi, tes revenus vont être beaucoup plus conséquents...

Je lui avoue alors ne pas être sûre de retourner une prochaine émission, car je n'ai pas de nouvelles de la production.

— Pourquoi ne me fais-tu pas confiance ? Puisque je te garantie que tu vas réussir ta vie, amoureuse et professionnelle ! Tout ce que j'ai fait depuis le début n'a-t-il pas fonctionné ? Et puis, les plus grandes stars font appel à ce genre de pratiques. Beyoncé, Rihanna, Tom Cruise... Si tu penses qu'ils ont réussi leur vie juste sur un coup de chance...

À ce moment-là, je me sens angoissée, oppressée par ces hommes qui m'entourent. Je décide alors de partir, mais je comprends rapidement que tout ne peut pas se passer comme je veux. Pour m'apporter tout le bonheur que je recherche, la voyante me demande de signer un contrat. Je suis perdue, j'ai peur. Je me sens contrainte. Pourtant, je signe quand même. Je m'embarque alors pour douze mois de règlements mensuels. Je verse une première somme de mille-deux-cents euros, environ.

Pierre revient, et, cette fois-ci, reste avec moi. Ne voulant pas admettre que cela n'a rien à voir avec la voyante, je me persuade que Pierre est avec moi grâce à elle...

13

La direction à prendre

L'été suivant, je pars en tournage pour l'émission “Le Cross”.

À ce moment-là, je suis très amoureuse de Pierre, et je vis avec lui. Un premier jour de tournage passe, puis un second. De beaux jeunes hommes me tournent autour, mais je ne pense qu'à Pierre. J'ai tant envie, tant besoin de lui parler, que j'ai caché un portable dans ma valise. Le troisième jour, je craque et tente de contacter Pierre : je suis prise en flagrant délit, et me fais confisquer mon téléphone... Je quitte donc l'émission après seulement trois jours de tournage.

Après ce tournage, et pendant plusieurs mois, je vis mon histoire d'amour avec Pierre. En parallèle, je continue les “travaux de sorcellerie” pour que K. revienne. Je ne comprends moi-même pas grand-chose à mes sentiments envers l'un et l'autre. Je pense, aujourd'hui, que j'ai été avec Pierre par simple dépendance affective, en attendant que K. se réintéresse à moi. Il se peut, aussi, que K. ait eu une sorte d'emprise sur moi... Comment faire la différence entre une relation toxique et une relation saine ?

La voyante commence à me coûter vraiment cher. Je ne peux plus suivre financièrement. Je lui explique que je pense que la production ne va pas me reprendre. Mais, comme toujours, elle a réponse à tout : elle me garantit que si je paie encore, elle va réussir à relancer ma carrière. C'est le serpent qui se mord la queue. Influencée par ses propos, je paie de nouveau. Étant donné que j'ai déjà eu plusieurs fois ce que je souhaitais, pendant que la voyante réalisait ses "travaux", je n'arrive pas à me dire que cela est dû au hasard.

Quelques jours plus tard, le producteur m'appelle pour me proposer de refaire un tournage. Sur le moment, je pense que c'est la sorcellerie qui a fonctionné. Aujourd'hui, plus mature, je me rends compte qu'il ne s'agissait que d'une coïncidence, et que si j'ai été contactée, c'est que le public m'avait appréciée. Tout simplement. J'ai du talent pour ces choses-là, mais je ne veux pas l'admettre. J'appelle alors la voyante pour la prévenir que l'on m'a proposé un autre tournage. Et bien sûr, elle saute sur l'occasion :

— Tu vois, j'avais raison !

Je pars alors faire *Les Marseillais* en Argentine. À ce moment-là, je sors avec Pierre. Mais, en parallèle, je suis toujours très amoureuse de K. Je réfléchis, encore aujourd'hui, aux explications de ce "double sentiment amoureux". Il est vrai que K. est une personne qui obnubile. Il sait s'y prendre. Comme une drogue, il m'a rendue accro. Durant l'émission, je suis K. comme son ombre. On est tout le temps ensemble, et on se "taquine" beaucoup. Je finis par tromper Pierre avec lui.

Après le tournage, je rentre pour les fêtes de fin d'année. Je fais Noël avec Pierre, mais je pense à K. J'ai très envie d'être avec lui. La relation, entre Pierre et moi, est plus posée. Plus tranquille. Plus saine, peut-être. Alors qu'avec K., on ne s'ennuie jamais. Il a le pouvoir de toujours savoir me divertir. M'occuper l'esprit, d'une manière ou d'une autre. Aussi, il est souvent entouré de ses amis, de sa famille. J'adore cette ambiance conviviale. Familiale.

Puis, un jour, je suis contactée pour faire l'émission *"Les apprentis aventuriers"*, en duo avec K. Je suis doublement contente. Déjà, parce que je vais gagner de l'argent ; mais surtout, parce que je serai avec *lui*. Les téléspectateurs aiment le duo K. et Carla. Je ne préviens pas la production que je suis en couple à l'extérieur, car je tiens trop à faire ce tournage.

K. et moi nous rapprochons alors, plus que jamais. Le tournage n'étant pas diffusé en direct, Pierre ne peut pas être au courant de ce rapprochement. Pourtant, l'information fuite...

À mon retour de l'émission, Pierre a viré mes affaires de l'appartement, et les a rendues à ma mère, en mon absence. Il ne veut plus me voir. Cependant, j'apprendrai plus tard qu'il m'a trompée avec plusieurs filles, pendant que j'étais en tournage. Si je comprends bien, les hommes ont le droit de tromper, mais pas les filles ?

À mon retour du tournage, j'emménage donc avec K. À ce moment-là, il vit en colocation avec un couple, une certaine Manon, et un certain Julien... Nous vivons alors tous les quatre. Tout se passe plutôt bien. K., quant à lui, est fidèle à lui-même. Il est un coup très attentionné, un coup distant. C'est un véritable ascenseur émotionnel, comme avec mon père.

Nous arrivons en été. Nous vivons un amour passionnel, tumultueux. On s'aime, on se déteste.

Comme mes parents qui vivaient d'amour et de haine. Quand on a eu un tel exemple des couples, comment ne pas faire d'erreurs dans notre propre vie ?

*

Tous les vendredis, K. et moi célébrons Shabbat dans sa famille. Ça me rappelle mon enfance. Plus jeune, mon père nous servait, le vendredi, du poisson par tradition chrétienne. Très croyante, mais aussi très ouverte d'esprit, j'aime découvrir de nouvelles cultures, de nouvelles religions. Je crois en un Dieu, en une puissance, peu importe le nom qu'on lui donne.

Les vendredis soirs, nous allons donc chez sa famille, où se retrouvent les frères et sœurs, les tantes, les oncles et les cousins. Des dizaines de personnes, dont la mère de K. ne fait pas partie.

Nous mangeons un couscous incroyable, et plein de petites entrées différentes. Avant de dîner, un volontaire fait une prière et "distribue" le pain. C'est tellement agréable. J'ai l'impression de fêter Noël chaque semaine. Cette convivialité, cette symbiose entre les différents membres de la famille, est un rêve qui se réalise. Car malgré le fait que je ne sois pas Juive, les membres de la famille de K. m'accueillent comme si j'étais leur fille.

Je comprendrai, plus tard, que K. a lui aussi un traumatisme d'abandon, qui lui vient de sa mère. Est-ce une excuse pour autant ? Doit-on pardonner plus facilement à ceux qui agissent mal, à cause de leur propre blessure ?

Compréhensive, je me dis que ce n'est pas de sa faute. Puis, viendra le jour où je comprendrai enfin que faire du mal aux autres, quand on a soi-même souffert, n'est pas plus excusable. Au contraire ! Si une personne connaît bien la souffrance, alors, pourquoi la faire vivre aux autres ?

Car les tromperies de K. vont et viennent. Quelques jours avant le tournage du “Cross”, il participe à l'enterrement de vie de garçon d'un ami, en Grèce. Je le suis via les réseaux sociaux, sur les stories de chacuns. K. est entouré de plusieurs filles, et n'hésite pas à me tromper... Désespérée, je décide de rappeler la voyante. Je dois parler à quelqu'un. Maintenant, j'en suis sûre : c'est lui que j'aime, et pas un autre !

14

L'engrenage

Comme toujours, je confie, à la voyante, tous mes secrets. Oralement, mais surtout par messages vocaux WhatsApp. Et elle ne me juge jamais. Elle est une bonne oreille, ou du moins, elle prétend l'être. Je peux tout lui dire. Elle a toujours une solution à mes problèmes...

En vérité, je commence à réaliser, tout en étant dans le déni, que je me fais avoir. Mais je ne peux plus faire marche arrière. Je me sens prise dans un engrenage. J'en ai déjà trop dit. Si la voyante m'écoute tant, c'est parce qu'elle emmagasine des informations, pour mieux me piéger par la suite.

Elle a, en sa possession, beaucoup de messages WhatsApp et de vidéos, compromettant mon image. Que vont penser les gens s'ils apprennent que je voulais K. et Pierre en même temps ? Que je "voulais" la réussite dans les émissions, et l'amour, quitte à en passer par la sorcellerie ? S'ils l'apprenaient, je serais abandonnée par tous mes proches...

Je me sens à la merci de la voyante. Je dois être de son côté, si je ne veux pas que ça me retombe dessus. Je me dis que, puisque je la paye, tout ira bien.

Je n'ai pas la notion d'argent. Tant que j'en ai, j'en donne. J'ai connu différents modes de vie, aux antipodes les uns des autres. Alors, je m'adapte à tout train de vie. Je peux me satisfaire de vivre avec mille euros, aussi bien qu'avec une somme largement supérieure. Je ne sais pas comment l'expliquer, mais je me sens assez détachée de l'argent, et je ne veux pas en faire un mode de vie. Je ne veux pas que cela me monte à la tête. Alors, je profite, je dépense, je donne, mais tout en restant qui je suis. Et, surtout, en me disant que tout cela pourrait disparaître du jour au lendemain.

J'associe beaucoup l'amour à l'argent. Je considère que si l'on aime quelqu'un, on doit lui donner quand il est dans le besoin. Je veux vraiment donner aux autres le plus possible. Comment pourrais-je vivre la conscience tranquille si je ne partageais rien ? J'ai embauché ma mère, afin qu'elle puisse avoir un salaire, et la garder au plus près de moi. À Noël, j'invite toute ma famille chez moi, et tout est extravagant. Dans mon élan, j'offre même une voiture à la famille de K., des meubles, et encore beaucoup d'autres choses complètement démesurées.

Ma mère m'interpelle : "Attention Carla, à trop vouloir en faire, tu ne profites pas du moment présent !" Quand j'organise une fête, je n'ai pas terminé l'événement que je pense déjà au prochain. Ma tante me dit que les gens profitent de moi. Bizarrement, ça ne me dérange pas tant que ça. Car ce que je veux, par-dessus tout, c'est épater les autres et être appréciée. Sauf que je ne comprends pas encore que je dois être appréciée pour ce que je suis, et non pour ce que je fais pour les autres...

*

Je trouve cela un peu bizarre de parler d'argent dans ce livre. Pourtant, je me sens obligée de me justifier. Car beaucoup de personnes nous détestent pour notre réussite. Disant que ce que nous faisons n'est pas un métier :

" Partir en vacances et se filmer en train de se laver les cheveux. " Mais c'est bien plus compliqué que ça... Vendre son image, cela veut dire que l'on ne s'appartient plus. C'est quelque chose qui est très difficile à comprendre quand on ne le vit pas. Donc, je n'en veux pas aux *haters* des influenceurs.

La notoriété est un prix à payer. Elle a son côté très agréable, mais elle a aussi beaucoup d'inconvénients, comme le fait de ne pas pouvoir sortir de chez soi de manière anonyme, ou de ne rien pouvoir faire sans être critiqué. Finies, les escapades chez Monoprix en pyjama avec la tête dans le brouillard et les cheveux en pétard ! Finies, les conversations privées dans les lieux publics. Fini, d'éduquer son enfant comme on l'entend, sans recevoir des insultes ou des menaces. Et ça, beaucoup ne veulent pas l'entendre...

Alors, voilà. Oui, à certaines périodes de ma vie, je suis à l'aise financièrement. J'aime faire des cadeaux aux uns et aux autres. J'aime pouvoir m'offrir tout ce que je n'ai pas pu m'offrir étant petite... Mais, malheureusement pour moi, la roue tourne. Beaucoup de gens se réjouiront bientôt de mon sort. Comme si je ne méritais pas mon argent, mais que je méritais qu'il me soit "volé".

15

L'étau se resserre

Mes rendez-vous avec la voyante continuent d'être un échappatoire : je peux parler de mes blessures passées, et tenter de rattraper mon avenir. La sorcellerie me permet, je l'espère, de contrôler ma vie, comme me l'a promis la voyante. De faire en sorte que K. arrête de me tromper. Même si j'y crois sans trop y croire. Je suis si perdue et si désespérée que je me raccroche à n'importe quoi. Pourtant, je commence à réaliser et à devenir de plus en plus sceptique. Je vois bien que les sorts ne fonctionnent pas. La voyante, parfois, fait semblant de me raisonner : “Mais non, Carla, tu ne devrais pas dépenser autant d'argent pour lui...” pour, finalement, cinq minutes plus tard, me pousser à faire des travaux de sorcellerie sur lui.

K. ne tient pas ses engagements, et continue à me tromper. J'en viens à penser que s'il reste avec moi, c'est uniquement parce que nous sommes un couple populaire. Et puis, la voyante me conseille de toujours me laisser faire, de ne jamais me braquer quand il se comporte mal. Alors, forcément, il reste, puisque je ne réagis presque pas à ses agissements...

Pourtant, je m'accroche aux branches. C'est comme jouer à l'Euro Million. On s'imagine déjà gagner le pactole, et on envisage tout ce que l'on pourrait faire avec. Mais, au fond, on sait que l'on a très peu de chances de gagner...

Je réalise de plus en plus que la voyante n'est pas sincère. Mais ses consultations me donnent de l'espoir. Cette sensation de bref bonheur vaut pour moi des milliers d'euros. Vivre dans une réalité parallèle me permet de supporter la vraie réalité. Je me cache derrière cette utopie, car je refuse d'admettre que mes relations ne changeront pas.

La voyante tente de me persuader que je lui dois ma réussite. En vérité, c'est simplement la suite logique de ma carrière. Ce n'est qu'un effet boule de neige. Plus je fais d'émissions, plus je deviens populaire, plus je fais des placements de produits, plus j'ai d'argent... Et je me rends compte que la voyante n'a certainement rien à voir avec ça. Mais, n'ayant pas confiance en moi à ce moment-là, je n'arrive pas à admettre que si je réussi ma vie professionnelle, c'est uniquement grâce à moi-même.

Je suis tiraillée entre la sensation de me faire avoir, et le fait que je n'ai qu'elle à qui je peux me confier. Je la confonds avec une amie, ou avec une psychologue.

Plus le temps passe, plus j'ai la sensation d'être tombée dans une secte. Chez elle, c'est toujours rempli de personnes, qui peuvent rester des journées entières à attendre. Ils lui obéissent au doigt et à l'œil. "Va me chercher ci, va me chercher ça". C'est comme si la voyante était entrée dans ma tête. Comme si elle avait pris possession de moi. Elle cherche à m'éloigner de mes proches, qui, depuis longtemps déjà, sont réticents. Si je n'avais pas été connue, si je n'avais pas eu ma vie, je me serais certainement laissée enfermer chez elle, avec ses "disciples". Ma mère, inquiète, tente de me faire ouvrir les yeux. Bêtement, je le répète à la voyante, qui retourne la situation à son avantage :

— Tu devrais te méfier de ta mère. Elle va causer ta perte. Mais ne répète pas ce que je te dis, car la sorcellerie ne fonctionnera plus, et tu auras dépensé des milliers d'euros pour rien...

Entre ma relation avec K. qui ne va pas, les tournages et la voyance, je me sens isolée. Je n'ai qu'elle à qui parler, même si je sais, au fond de moi, que ce n'est pas une bonne personne. Et puis, avec tous les secrets que je lui ai confiés, et toutes les choses qu'elle m'a fait dire, je ne peux pas me retourner. C'est allé trop loin, je ne peux plus revenir en arrière. Je me renferme sur moi-même.

Ma carrière étant bien lancée, je gagne de plus en plus d'argent. Alors que je ne me sens plus tout à fait en confiance, je donne pourtant le montant de mes revenus à la voyante. Et, bien sûr, le prix des "travaux" sur K. augmente. Mais les sorts ne fonctionnent pas plus qu'avant. K. continue à me tromper. La voyante me convainc alors que, plus le prix des travaux sera élevé, plus le retour affectif va marcher.

— Les patients qui me confient un million d'euros atteignent leur objectif en un claquement de doigt !

Pour donner un ordre d'idée, quand je gagne quarante-cinq mille euros, j'en garde cinq mille pour moi. Le reste, je le lui donne. Et tout cela, je le paie avec mon compte société, ne pensant pas mal faire. À sa demande, je lui signe, d'avance, des chèques en blanc. Elle me dit qu'ainsi, s'il y a une urgence, elle pourra m'aider immédiatement, sans perdre de temps à me réclamer de l'argent... Sauf que si mon compte s'avère être sans provisions, cela risque d'être un vrai problème.

Ma mère, qui a accès à mes comptes, s'inquiète de plus en plus pour moi.

— Carla, je ne te reconnais plus...

Je deviens agressive, toujours sur la défensive. Ma mère tente de me raisonner.

— Mais Carla, allumer une bougie ne peut pas te coûter quarante mille euros !

Pourtant, la voyante parvient à me faire croire que l'argent que je lui donne rembourse à peine les fournitures, les bougies, mais que les "travaux" sont gratuits ! Je ne sais pas comment j'arrive à y croire, mais j'y crois. Je me dis même qu'elle est sympa de me faire cette fleur, finalement. Que j'ai de la chance.

Puis, arrive le jour où tout commence à dégringoler sérieusement : je suis convoquée par mon comptable. Mes paiements ont été signalés par ma banque au TRACFIN, qui lutte contre le blanchiment d'argent. Par la suite, le TRACFIN signale mon compte au parquet de Marseille ! Prenant ce problème pour excuse, je préviens la voyante que je ne peux pas continuer. Je lui explique que j'ai de sérieux problèmes de comptabilité. Mais elle ne se laisse pas impressionner, et tente le tout pour le tout :

— Ne t'inquiète pas, on va faire un contrat avec mon avocat, je vais te faire des factures de société et tout sera réglé. Et puis, je suis aussi coach de vie. Je vais t'aider à te sortir de tes problèmes.

Complètement perdue, prise dans ses filets, je fais bêtement ce qu'elle me dit. J'ai bien compris que je n'avais pas d'autre choix que de payer. Si je ne me sentais pas contrainte, je ne serais plus en relation avec elle. Mais j'ai la sensation de ne pas avoir le choix. Je vais alors la rejoindre chez un avocat, et signe, à contrecœur, un contrat dont je ne comprends pas toutes les lignes. Dans celui-ci, la voyante se déclare “coach de vie”, conseillère en image. Sur le contrat, elle indique ses tarifs, qui correspondent à ce que j'ai déjà réglé. Je signe le contrat, tremblante, sans oser la regarder. Je ne sais pas du tout ce que je suis en train de faire. Je me laisse influencer par la crainte et la pression. À la suite de cette signature, je donne les documents à ma comptable. Ce dont je n'ai pas conscience, c'est qu'auprès même d'un avocat, je viens de signer un contrat illégal de racket.

Ma mère continue de m'alerter sur les problèmes qui vont me tomber dessus. Elle me met en garde à propos des impôts : "Comment vas-tu payer tes impôts puisque tu donnes tout ton argent à la voyante ?" En effet, quatre-vingt pour cent de mes revenus sont reversés à la voyante... Ma mère me dit de tout arrêter, mais j'ai peur. La voyante a tellement accumulé d'informations et de vidéos, que je suis terrifiée à l'idée qu'elle en fasse quelque chose. Je suis coincée.

Les "travaux" continuent. Certains de mes souhaits se réalisent ; d'autres, jamais. Encore jeune et novice, je n'ai aucune notion du risque que j'encours, vis-à-vis de ma société. Je ne sais pas gérer une entreprise. J'ignore comment toutes ces choses fonctionnent. Tout cela m'est encore inconnu.

Parfois, mon salaire, pour mes placements de produits, a du retard. La voyante, qui attend son argent, me rappelle à l'ordre. Constatant que je ne paye pas, je reçois un appel de son soi-disant fournisseur. L'histoire prend une tournure de plus en plus sombre. Le "fournisseur" me menace : il veut médiatiser le fait que je fasse appel à la sorcellerie.

— Si tu ne payes pas, tu vas tout perdre.

Je suis dans une panique noire. Quelques jours plus tard, la fille de la voyante sonne à mon domicile. C'est ma mère qui va ouvrir. Moi, je reste cachée. La fille réclame à ma mère l'argent que je leur “dois”. Ma mère, très en colère, tend un chèque pour apaiser les tensions, en faisant bien comprendre à la demoiselle que ce qu'elle fait là est monstrueux, et que c'est du vol.

16

Le piège

Un jour, je vais vivre l'une des scènes les plus difficiles que mes yeux ont eu à supporter. Je rentre chez moi, dans la maison dans laquelle je vis désormais avec K. Et, alors que je pensais retrouver mon homme, comme d'habitude, je réalise qu'il n'est pas seul dans la maison. En ouvrant la porte de notre chambre, je tombe nez à nez avec K., qui est en train de me tromper dans notre propre lit, avec plusieurs filles en même temps. Choquée, mes yeux fuient la scène et se posent sur le sol, où traîne mon pyjama du matin-même. Je hurle sur K., je pleure, je suis complètement paniquée. Nous nous agaçons l'un et l'autre, et manquons d'en venir aux mains.

Comme si la situation n'était pas assez lourde à gérer émotionnellement, K. va encore plus loin. Plutôt que de tenter de ratrapper la situation, il appelle la police pour me faire évacuer. La police arrive, et me demande de quitter les lieux. J'ai beau leur expliquer que je suis chez moi et que je paye la moitié du loyer, ils me répondent que mon nom n'est pas sur le bail, et que je dois m'en aller.

Je suis traumatisée à vie. Encore aujourd'hui, je ne parviens pas à me remettre de cette scène. Je repense à tout cet argent que j'ai si bêtement donné à une voyante, pensant qu'elle allait faire de K. un homme meilleur. Avoir gâché autant d'argent pour de pseudos sortilèges qui n'ont servi à rien me rend malade. Tout ce que je voulais, c'était être aimée. Par Pierre, puis par K. Je n'ai jamais voulu de mal à personne. En faisant appel à la voyante, tout ce que je souhaitais, c'est aller bien. Dans ma vie, dans mon couple. Non seulement je n'ai rien gagné, mais je suis en train de tout perdre. J'appelle alors la voyante, pour lui faire part de ma sidération. Je lui confie être très déçue, et avoir compris qu'elle était un véritable charlatan. De peur de me perdre, celle-ci tente le tout pour le tout : Elle me dit que si les sorts ne fonctionnent pas avec K., il faut passer à quelqu'un d'autre. Elle me propose, alors, de faire en sorte qu'un footballeur tombe amoureux de moi ! Étant, à ce moment-là, courtisée par ce footballeur, il sera plus facile pour elle de me faire croire que sa magie a opéré.

Excédée, au bord du gouffre, je décide de partir à Los Angeles. Je dois me vider la tête. Plus précisément, sortir K. de ma tête. J'ai bien compris : rien ne le fera jamais changer, et encore moins de la magie !

À Los Angeles, je fais la fête. Je suis plutôt courtisée, mais je n'ai qu'une obsession : lui. Cette scène épouvantable passe en boucle dans ma tête. Et, même si je veux l'oublier, je n'arrive pas à m'intéresser à d'autres hommes.

Contre toute attente, K. me rejoint à Los Angeles, dans l'idée de me reconquérir. Tant de kilomètres parcourus pour me voir... Lui que je détestais il y a quelques heures me fait de nouveau fondre. Je lui pardonne cet ignoble événement. Je me sens mieux, et passe quelques jours sur un nuage, persuadée que ces vacances sont très romantiques. Mais la réalité me rappelle rapidement à l'ordre. Trois jours seulement dans la cité des anges, et il me trompe de nouveau. Me rejoindre sur mon lieu de vacances pour me tromper ? Non. Là, c'est trop. Je rentre alors en France, énervée, écoeurée. Six pieds sous terre. Quand arrêtera-t-il de m'humilier ainsi ?

Puis, arrive le tournage de l'émission “Le Cross”. Je me mets en tête de faire payer à K. ce qu'il m'a fait subir. Je flirte alors avec un certain Julien, pour le rendre jaloux. Pourtant, malgré ce que K. m'a fait, je n'ai d'yeux que pour lui.

Malgré tout, quelques jours après le tournage, je me remets avec K. Impossible de me séparer définitivement de lui. Enfin, vient un nouveau tournage des *Marseillais*. Après toutes ces péripéties, je prends une grande décision. Je décide de poser un ultimatum à K.

— Je n'en peux plus de toutes tes tromperies. Soit on se pose ensemble, vraiment, on se marie, on fonde une famille... Soit on arrête tout. Jouer à "suis-moi je te fuis" ne m'intéresse pas et me rend malheureuse. J'ai besoin de me sentir en sécurité.

En lui proposant cela, je me dis qu'il n'acceptera jamais. Mais au contraire. K. accepte, et a l'air plutôt content. Bientôt, il me demande ma main à New York, et ce souvenir restera, malgré tout, à jamais gravé dans ma mémoire. J'espère, naïvement, qu'il se sentira obligé d'arrêter de me tromper. Mais je suis bien naïve de voir les choses ainsi !

Rapidement, je parle à la voyante de mon désir d'enfant. Elle me promet d'exaucer mon souhait. J'arrête donc la pilule, et, un mois plus tard, je tombe enceinte ! Miracle, ou logique de la nature ?

À vrai dire, au fond de moi, je ne crois plus ce qu'elle me raconte. Pourtant, je continue à payer. Je continue à formuler des demandes, sans y croire. Je ne parviens pas à me l'expliquer. Tremblante, paniquée, c'est la voyante que j'appelle en premier, avant même d'appeler K. Si je l'annonce à ma mère, elle va me dire que je gâche ma vie. Elle qui m'a eue si jeune et qui n'aurait jamais dû. Comment dois-je le prendre ?

Si j'en parle à ma tante, elle risque de se fâcher. Elle n'aime pas K., n'a pas confiance en lui, et paniquerait à l'idée que je sois enceinte de lui. La voyante, en revanche, est ravie, et me dit bien sûr que tout est grâce à elle...

Le soir-même, je demande à K. de me rejoindre. Il quitte sa soirée, qui vient juste de commencer. Quand je lui annonce la bonne nouvelle, j'ai très peur de sa réaction. Mais il est fou de joie. Il me remercie, me dit que je lui fais le plus beau cadeau de sa vie. Pourtant, il “doit me laisser”, et retourner à sa soirée, “car c'est l'anniversaire d'un ami”.

De retour à la maison, K. est ivre jusqu'à l'os. Je suis stupéfaite. Moi qui ai horreur de l'alcool, comment peut-il me faire ça aujourd'hui ? Mais il tente tout pour me convaincre, me promettant monts et merveilles.

— Je ne boirai plus, je ne sortirai plus. Ce soir, c'était le dernier soir.

Je ne sais pas encore qu'il y aura beaucoup de "derniers soirs." Pourquoi cherche-t-il à rester avec moi si c'est pour découcher à la moindre occasion ? Me décevoir, me trahir, me tromper ? Pourquoi ne me dit-il pas qu'il a besoin de liberté, que la vie en couple exclusif n'est pas faite pour lui ?

Alors que j'entame ma grossesse, tout se passe plutôt bien. Je suis heureuse. Je n'ai plus besoin de la voyante. Pourtant, elle continue à me téléphoner. Je commence à stresser, je suis terrorisée à l'idée que K. découvre ce qu'il se passe. Étant condamnée à lui verser de l'argent tous les mois, autant faire travailler la voyante ! Je lui dis que je souhaiterais, de préférence, avoir un garçon. Elle me répond, bien sûr, qu'elle va m'envoyer ce petit garçon. Comme avec un catalogue de Noël... Sauf que, bientôt, j'apprends que j'attends une fille. Je téléphone alors à la voyante, et lui dis en plaisantant que mon souhait, une fois de plus, n'a pas été réalisé. Je suis ravie d'avoir une fille. Mais en disant cela, je veux lui faire comprendre que je suis consciente qu'elle est un charlatan.

Le plus incroyable, dans cette histoire, c'est qu'à chaque fois que je vais chez la voyante, elle me ressemble un peu plus. Sa façon d'être, de parler, son physique... Je suis même très choquée de constater que sur les vidéos qu'elle enregistre, elle emprunte l'intonation de ma voix. Tout était-il prévu depuis longtemps ? Savait-elle déjà ce qu'elle allait me faire subir ?

La voyante continue à me demander ce que je veux. Pour avoir la paix, je formule mes souhaits, comme on fait une prière. "Je souhaite la réussite professionnelle". En soit, rien d'extraordinaire. Elle m'explique qu'il faut donc évincer les autres candidats. Je ne comprends pas le rapport, et m'y oppose. Le problème, c'est que d'après elle, tous font appel, eux aussi, à la sorcellerie, et veulent me voir quitter l'émission *Les Marseillais*. Je précise, d'ailleurs, que malgré ma connaissance des candidats qui pratiquent la sorcellerie, l'idée de dévoiler leurs noms ne m'a jamais effleurée. Cette situation est tellement difficile à traverser que je ne la souhaite à personne. Si j'arrive à surmonter cette horrible situation, d'autres auraient peut-être été jusqu'à se suicider.

La voyante se filme donc en train de lancer un sort contre d'autres candidats, en piquant une poupée vaudou avec une aiguille. Prise dans un engrenage, totalement perdue, je la laisse faire. Elle continue de me demander ce que je veux. "Je veux que ma fille soit en bonne santé". C'est là qu'elle lance un sort, souhaitant la malformation de tous les futurs bébés issus des *Marseillais*. Choquée et très en colère, je m'exclame immédiatement :

— Mais ce n'est pas du tout ce que je t'ai demandé ! Arrête ça !

Jamais je ne souhaiterais de mal à un enfant. Jamais ! À un enfant, ou à qui que ce soit d'autre, d'ailleurs. Et cela m'attriste d'avoir besoin de le préciser. J'exige que la voyante retire le sort, et qu'elle se filme en train de le faire, pour que j'en garde une preuve.

Sur les deux-cent vidéos enregistrées pendant nos sept ans de conversation, il n'y a que quatre ou cinq vidéos où j'apparais. Les autres vidéos, c'est la voyante seule qui apparaît, et qui raconte des choses que je ne lui ai pas demandées. La voyante me ressemblant de plus en plus, particulièrement sa voix, beaucoup de monde pense alors que c'est ma main qui apparaît sur les vidéos. Mais ceux qui me connaissent savent que je n'ai pas de tatouage sur la main. Cependant, la ressemblance des voix est tellement bluffante qu'on ne remarque pas le tatouage.

Tous les souhaits que j'ai pu formuler auprès de la voyante sont le fruit d'un travail de manipulation. Tout ce que j'ai formulé n'était pas de mon plein gré. Ce que je souhaitais, à la base, c'était l'amour de l'homme que j'aimais. Puis, la voyante m'a proposé de formuler d'autres demandes. J'ai accepté, parce qu'il me semblait ne pas avoir le choix. Parce que j'obéissais à des ordres déguisés. Mais je n'ai jamais souhaité le mal de personne. Je n'ai jamais demandé à faire de mal aux autres, pour mon propre bien.

Ayant trop peur que K. tombe sur ma conversation avec la voyante, je supprime bêtement ses messages. La voyante garde donc les messages et les vidéos qui l'arrangent, contre lesquels je ne peux pas me défendre... Je culpabilise, alors qu'en réalité, je n'ai fait que souhaiter avoir l'amour de mon homme, et un enfant en bonne santé, comme toutes les futures mamans. On a tous et toutes nos superstitions, nos croyances, et nos religions. Certaines ne mangeront que des œufs ovales dans l'espoir d'avoir un garçon, d'autres ne mangeront que du sucre dans l'espoir d'avoir une fille. D'autres encore, porteront des amulettes autour du cou ou brûleront un cierge...

17

Mes héros

Puis, de nouveau, je reçois ma paie avec du retard : coup de pression de la voyante. Elle dit qu'elle ne pourra pas "retenir tous les gens qui travaillent pour elle". Son petit-ami, son ex mari... Qu'ils vont débarquer chez moi, et tout avouer à K. Qu'ils vont prendre la liberté de tout dévoiler sur les réseaux sociaux, si je ne paie pas.

Selon elle, ce sera contre son gré. Elle, elle m'adore soit disant, mais "les autres" s'énervent.

— Il va t'arriver grand malheur, me dit-elle.

Face à ce chantage déguisé, je suis tétanisée. Je téléphone à ma mère, à qui j'explique avec précision la situation : je dois absolument payer la voyante si je ne veux pas qu'elle divulgue tout. Et, en même temps, étant enceinte, je commence à réaliser que cette situation ne peut plus durer. Bientôt, mon enfant sera là. Je dois garder mon argent pour elle. Dans ma vie, tout va plutôt bien. Je n'ai plus besoin de la voyante, et n'en peux plus de lui verser de l'argent. Cela n'est plus justifié. Cela a-t-il été un jour justifié ? La voyante m'enlève le pain de la bouche. Mon beau-père, qui entend ma mère parler avec moi au téléphone, prend part à la conversation et s'insurge :

— Carla, ce n'est pas normal. Il faut la dénoncer.

Ma mère, furieuse, appelle la voyante et lui demande d'arrêter ses menaces immédiatement. Elle la prévient qu'elle n'aura plus d'argent de la part de sa fille. C'est terminé. J'en profite pour remercier ma mère d'avoir pris des risques pour me défendre. Deux jours passent, sans nouvelles de la voyante. Puis, elle me rappelle, toute gentille. Elle m'assure ne pas me vouloir de mal. Ce sont, encore, "les autres" qui la pressent.

— Carla, nous allons trouver une solution. On va échelonner les paiements.

Les choses se tassent à peu près. Puis, mon beau-père raconte à K. ce qu'il se passe. Il lui raconte TOUT.

K. comprend mieux, car il se demandait où partait, aussi rapidement, tout mon argent. Il avoue avoir imaginé que ma famille me prenait tout. J'essaie alors de dédramatiser les choses. K. me dit de tout arrêter, mais il ne comprend pas :

je ne peux pas. Je suis prise à la gorge. Il ne sait pas tout. Ma mère et mon beau-père non plus, d'ailleurs. Je n'ai qu'à demi avoué le problème.

Entretemps, ma petite fille naît enfin. Elle vient au monde dans une période de stress intense, et honnêtement, je peux le dire : mon bébé a été ma sauveuse. Ma petite Ruby est si mignonne que je me demande comment j'ai pu espérer avoir un garçon. Tout à coup, je comprends ce qu'est le véritable amour. L'amour sain. L'amour inconditionnel et pur. Tout donner sans rien attendre en retour. Pour moi, c'est une révélation. Je me rends compte aujourd'hui que c'est tout ce qu'il me fallait pour être heureuse. Tout le manque d'amour de mes parents, je le donne à mon enfant, au centuple. À la sortie de l'école, je suis souvent la première à attendre mon enfant. Je ne veux pas reproduire la douleur que j'ai ressentie lorsque j'attendais en vain que l'on vienne me chercher. L'âme maternelle. Je suis aux antipodes de ce que mes parents m'ont donné. La personne que je suis aujourd'hui, c'est la personne dont j'avais besoin quand j'étais enfant. Je me rends compte qu'aujourd'hui que c'est tout ce qu'il me fallait pour être heureuse. On me dit que j'en fais trop. Mais je m'en fiche. Je me dis qu'au moins, elle grandira avec l'amour de sa mère. Et l'amour d'une mère est plus important que tout.

Contrairement aux hommes, Ruby ne me décevra jamais. Même si, au cours de sa vie, il lui arrive de faire des bêtises ou de prendre un mauvais chemin. Je ne me sentirai jamais abandonnée, jamais trahie par la chair de ma chair. Et j'ai la sensation, incroyable, comme un médicament magique, que ma fille a fait disparaître ma blessure d'abandon.

18

Stress

K. et moi sommes en plein tournage, lorsque nous apprenons que la voyante est mise en garde à vue. Je panique. En discutant avec K., j'apprends que ma mère, ne sachant plus comment m'aider, a porté plainte il y a quelques mois. Après plusieurs jours de garde à vue, la voyante est saisie d'environ quatre-cent-mille euros. Puis, elle est libérée.

J'ai les mains moites, mon cœur s'agace. Je fais les cent pas. Je suis très réceptive à ce que pense mon entourage de moi. Que vont penser mes amis quand ces vidéos vont être dévoilées ? Et puis, j'ai confié tant de choses intimes à la voyante... C'est comme si un psychologue m'avait enregistrée pendant sept ans, et qu'il balançait tout, non seulement à mon entourage, mais aussi à la France entière.

En rentrant de ce tournage, peu avant la Saint-Valentin, c'est à mon tour d'être convoquée. À ma plus grande surprise, je suis mise en garde à vue à mon tour ! N'est-ce pas à ceux que l'on accuse, d'être mis en garde-à-vue, et non aux victimes ? On m'explique que comme j'ai utilisé le compte de mon entreprise pour payer la voyante, je suis accusée d'abus de biens sociaux. Je ne sais même pas ce que ça veut dire ! En clair, je n'avais pas à payer avec mon compte société.

Je fonds en larmes. On me convoque dans un bureau, et je raconte TOUTE l'histoire. J'apprends alors que la voyante va être jugée, et qu'ils ont récupéré toutes les vidéos. La honte m'accable. J'aimerais me faire petite comme une souris et m'enfuir. Je ne peux m'empêcher de penser au jour où tout sera dévoilé. Les policiers me rassurent alors, en me répétant qu'ils ont bien récupéré les vidéos et que rien ne sortira. Je ne suis qu'à moitié rassurée. Car je la connais. Elle ne s'arrêtera pas là.

Je m'en vais, la peur au ventre. J'ai l'impression d'être suivie dans la rue. Je me dis que ce sont les hommes de la voyante qui viennent me faire du mal. Puis, les jours passent, et rien. Plus de nouvelles de la voyante. Après m'avoir coûté des sommes incroyables, peut-être va-t-elle enfin me lâcher ?

Quand un jour, un blogueur annonce avoir un scoop. “Un couple des *Marseillais* fait de la sorcellerie”. On découvre alors une première vidéo, pour le moins étonnante. Dans celle-ci, je n’apparais pas. On voit ma voyante, parler avec une autre voyante, que nous appellerons A.

Ma voyante dit à A. quelque chose de très bizarre. Elle aurait vu, dans les cartes, que le mari d’un certain couple allait lui déposer un sac rempli d’argent, pour “la faire taire”. Connaissant les méthodes de ma voyante, je comprends que c’est un message codé. Dans cette vidéo, elle tente de me faire du chantage déguisé. Elle savait que j’allais tomber sur cette vidéo, et comprendre qu’elle parlait de moi. Elle veut que je paie, pour acheter son silence.

Trois ou quatre jours passent, quand le blogueur nous contacte, K. et moi. Il nous demande à son tour de l’argent, pour ne pas divulguer des vidéos qu’il aurait achetées à la voyante. Pour ne pas les sortir, il nous réclame la modique somme de... cinquante mille euros ! Je me retrouve donc avec, non pas un, mais deux maîtres chanteurs...

Mais quand cela va-t-il cesser ? Si je ne paie pas, je perds tout. Mes amis, mon travail, mon mari. Car en effet, K. n'est pas le preux chevalier qui sauve la demoiselle en détresse. Il est plutôt du genre à prendre ses jambes à son cou. D'ailleurs, il me conseille de payer, alors que j'avais entrepris d'arrêter. Mais n'étant jamais sûre de mes décisions, je me dis alors que s'il pense qu'il faut payer, c'est qu'il faut le faire.

En parallèle, les candidats des *Marseillais* tentent de soutirer des informations auprès de différents blogueurs, dont notre maître chanteur, pour savoir qui est ce fameux couple. Il finit par craquer, et dévoile aux Marseillais, en interne,une vidéo où l'on comprend clairement que c'est moi qui fais appelle à une "sorcière". Ce jour-là, nous sommes vendredi, et nous célébrons Shabbat dans notre maison. Quand je réalise que les Marseillais sont au courant, je manque de m'évanouir. Le sol s'effondre sous mes pieds. Je me rends dans ma chambre, où je m'isole, tentant, tant bien que mal, de gérer mes émotions face à cette situation. Je ne comprends pas, j'avais dit à ce blogueur que j'acceptais de le payer ! Les rumeurs commencent à se faire, et mes propres amis prennent peur. Je me fais harceler par téléphone. Puis, le dimanche soir, la vidéo est rendue publique. Après mes amis, ce sont désormais mes proches ainsi que toute ma communauté qui voient cette vidéo. La France entière y a accès. J'ai envie de mourir.

La médiatisation de mon histoire prend une ampleur considérable. En 2021, "Carla Moreau" est la cinquième recherche Google. La France découvre pour la première fois que la sorcellerie est pratiquée dans le milieu de la télé-réalité. C'était, jusque-là, un sujet caché, une pratique faite en toute discrétion, par certains candidats. C'est un buzz phénoménal. Tout le monde "veut savoir".

Je contacte alors le blogueur, et lui dis que j'annule mon engagement verbal. Mais il n'en est pas question : il a d'autres vidéos. Je finis donc, encore une fois, par céder. K. va à la rencontre du blogueur, qui lui montre la totalité des vidéos qu'il a en sa possession. Devant K., le blogueur est censé supprimer toutes les vidéos. En échange, je dois lui verser, en direct, les cinquante mille euros.

Le blogueur, qui m'accablait quelques jours plus tôt revient sur ses mots, et dit sur les réseaux sociaux que j'ai "peut-être" été manipulée. Il ne divulguera plus de vidéos. Parallèlement, je dépose, à mon tour, une plainte contre la voyante. J'essaie de digérer tout ce qui vient de se passer, en si peu de temps. C'est tellement d'informations ! Trop d'un coup. Cependant, je me sens soulagée. Il fallait que ça sorte.

Quinze jours plus tard, je suis invitée sur le plateau de Touche Pas à Mon Poste, l'émission de Cyril Hanouna, sur C8. J'ai l'occasion de donner ma propre version. De me défendre. En vingt minutes, je dois raconter toute mon histoire. Je suis très stressée et essaie de ne pas partir dans tous les sens. Mais, contrairement à ce que je m'étais imaginée, on me laisse parler. Les journalistes sont assez neutres, et, bien sûr, extrêmement surpris par mon histoire hors normes...

19

Changer les choses

Désormais maman d'une petite fille, je dois me battre. Je dois remonter la pente, coûte que coûte. Mais c'est difficile quand vous avez les *Marseillais* à dos. La production veut continuer avec moi, mais je n'ai plus la force. Je sais que je suis détestée. Comment pourrais-je de nouveau vivre en communauté, enfermée, avec des gens qui me détestent ? Traumatisée, je reste un mois entier chez moi, sans sortir. Je n'arrive plus à réfléchir, à savoir ce qui est bon, ce qui ne l'est pas. Tout ce que je ressens à ce moment-là, c'est de la peur. Peur de la réaction des gens qui me sont chers. J'ai honte, surtout vis-à-vis de ma famille et des proches de K. Que vont-ils penser de moi ?

Quinze jours passent, sans que je ne m'alimente. Seuls l'eau et le soda combleront mon estomac. Je perds une dizaine de kilos. K. est de moins en moins présent à la maison. Je crois que je ne lui suis plus utile. Notre “duo” médiatique en ayant pris un sacré coup, je ne sers plus à rien. Je ne lui apporte plus de succès, ni d’argent. Je ne peux plus lui offrir de montres de luxe ni de voyages. Je comprends bien qu’il veut faire les *Marseillais*, mais vraiment, c’est trop me demander. Je n’y mets pas de mauvaise volonté. Mais je n’y arrive plus. C’est tout. J’ai perdu ma “niaque”. Je me referme de plus en plus sur moi-même. Je martyrise mon corps. Après avoir traversé une période d’anorexie, je commence à manger, beaucoup, pour masquer mes soucis. Je fais des œdèmes, je gonfle. Le stress me déclenche des nausées et des crises de maux de ventre. Je me sens étouffée. J’ai la désagréable sensation d’avoir deux mains autour de mon cou qui m’étranglent. J’essaie de prendre sur moi. Je tente de rester digne, mais ce sourire que j’étire n’est qu’une parure. Ma vie actuelle, dans sa globalité, est bancale.

Je parle de mon désarroi à ma tante, qui me conseille de voir un hypnothérapeute. J’ai entendu beaucoup de bien de cette méthode. Prête à tout pour m’en sortir, je tente l’expérience. Je fais une première séance, plutôt sceptique, mais ouverte. Toute aide est bonne à prendre. Assise dans un fauteuil, le thérapeute me demande de lui raconter ce qui ne va pas. Je lui parle de tout. Mon enfance, mes parents, la voyante, les problèmes d'argent, mon mari, ma fille au milieu de tout ça... Je vide mon sac.

Ma première séance ne me fait pas de bien. Au contraire : enfoncée dans mon fauteuil, je me sens oppressée. Mon souffle s'accélère. C'est comme si tout le stress qui était enfoui en moi jaillissait subitement. Cette séance est désagréable, et me fait plus de mal que de bien. Mais c'est normal, me rassure le thérapeute. Il faut continuer les séances et patienter. Mais, alors que j'ai espoir que la situation s'apaise, un autre blogueur surgit de nulle part et sort de nouvelles vidéos. Je pense : "Ça ne s'arrêtera donc jamais ?" Me voilà encore à la merci d'un énième maître chanteur. Celui-ci, cette fois, me réclame la modique somme de quatre cent quatre-vingt mille euros !

Désespérée, je vais voir la police : ils ne peuvent rien pour moi. J'ai alors l'impression que personne ne peut m'aider. Je ressens une profonde injustice. Et c'est reparti pour un tour... Soit j'achète le silence du blogueur, soit j'affronte de nouveaux les regards que l'on me lance dans la rue, à la sortie de l'école maternelle...

N'ayant pas une somme pareille sur mon compte en banque, le blogueur me fait alors signer, avec l'aide d'avocats, un contrat. Dans celui-ci, il s'engage à ne pas diffuser les vidéos — qu'il détient illégalement — contre une rémunération mensuelle de vingt mille euros, pendant deux ans. En clair, c'est un contrat totalement illégal. Mais ça, je ne le sais pas encore. Le jour de la signature du contrat, le blogueur arrive avec deux heures de retard, de peur d'être attendu par la police. Il sait très bien que ce qu'il est en train de faire est non seulement immoral, mais totalement illégal ! Lorsque je signe le contrat, je ne le regarde pas dans les yeux. D'ailleurs, je ne lui ai jamais vraiment parlé. Depuis le début, c'est K., mon propre conjoint, qui gère les échanges avec le blogueur...

Je paie donc le blogueur tous les mois. Je vis, de nouveau, dans la terreur. De jour comme de nuit, je vis dans la crainte que ces vidéos soient diffusées, et que je sois rejetée, abandonnée par tous. Je suis à bout. Épuisée. Usée. K., de son côté, ne semble pas plus atteint que ça, à l'idée que sa femme doive de l'argent à un maître chanteur. Pourquoi me laisse-t-il payer une telle somme ? Est-ce pour me protéger ? A-t-il un intérêt, financier ou autre, à me faire payer tous les mois ? Pourquoi ne me soutient-il pas comme il devrait le faire ?

C'est trop, beaucoup trop à encaisser, pour une seule personne. Je n'ai plus les épaules assez solides, et ne suis pas du tout soutenue par mon conjoint. La corde au cou, le boulet au pied, je continue mes séances d'hypnose dans l'espoir de trouver de l'aide. Je veux me donner toutes les chances de réussir. Nous travaillons sur la confiance en soi et mon être intérieur. Je veux redevenir la fille que j'étais avant, qui avait ses valeurs, ses principes de vie. Cette fille que je n'écoute plus depuis cette polémique, dans laquelle je me suis perdue. Au fil des séances, je réapprends à m'aimer et à me faire confiance. Je commence à prendre du temps pour moi. À faire les boutiques pour m'acheter des vêtements. Pour moi, rien que pour moi. C'est une chose qui peut paraître anodine, mais qui ne faisait plus partie de mon quotidien. Enfin, je me fais plaisir. Avant, j'aurais filé au rayon hommes, ou enfants, pour faire un cadeau.

En parallèle, sur un coup de tête, une idée complètement déraisonnable me vient. Et si on se mariait, maintenant ? Peut-être que cela pourrait rallumer la flamme ? Au fond de moi, je sais que je fais cela un peu à reculons. Je ne suis pas sûre que ce soit la bonne décision. En me mariant avec un homme avec qui ça ne va pas, n'est-ce pas juste camoufler les problèmes ? Peindre en rose un mur qui est sur le point de s'écrouler ?

Mais tout se mélange dans ma tête. C'est pour moi peut-être l'occasion de tout reprendre à zéro. Faire table rase du passé. Nous nous marions alors à Courchevel, en pleine tempête de neige, car j'aime faire les choses différemment des autres, à ma manière. C'est une journée magique. Mais ses vœux de fidélité ne feront pas long feu.

En parallèle, la chaîne C8 nous propose de tourner dans une nouvelle émission. J'accepte leur proposition, et K. retrouve le sourire. Un nouveau départ pour une nouvelle vie ?

20

La décision

Nous tournons donc l'émission sur C8. Lors de sa diffusion, on peut voir que j'ai plutôt remonté la pente, ce qui ne passe pas inaperçu aux yeux de la voyante. Elle se rapproche bientôt à nouveau de moi, pour me dire qu'elle détient encore les vidéos. Elle aussi veut être indemnisée, et veut que je retire ma plainte contre elle, si je souhaite qu'elle ne diffuse pas les vidéos. Pourtant, les vidéos ont été placées sous scellée, après une perquisition dans son appartement...

La voyante me réclame alors, à son tour, deux-cent quarante mille euros, que je n'ai pas. Là encore, des avocats entrent en jeu, et un contrat est à nouveau signé : je dois verser douze mille euros par mois à la voyante, retirer ma plainte, et ne pas parler de cette histoire sur les réseaux sociaux. Je m'exécute, et fais partir un courrier au procureur, en recommandé, pour le prévenir que je retire ma plainte. En contrepartie, la voyante ne doit pas diffuser mes audios et mes vidéos, ni parler de moi sur les réseaux sociaux ou dans la presse...

La situation actuelle n'a pas évolué depuis ces histoires de sorcellerie, c'est même pire qu'avant : je me retrouve à payer plusieurs personnes, je suis en train de perdre mon mari, et la France entière est au courant de tout. Je fais bonne figure face à toutes ces mamans qui me regardent de travers, mais en réalité, je suis morte de honte et de peur. J'aimerais disparaître. Non, vraiment, je n'ai pas le choix. Je ne veux pas que ça recommence. Encore une fois, je suis contrainte de régler les sommes que l'on me demande. En gros, je travaille pour payer mes bourreaux.

Parfois, je me dis que je n'ai pas pris les bonnes décisions. Je ne peux pas vivre toute ma vie avec une épée de Damoclès au-dessus de la tête. Et dépenser tant d'argent que je pourrais mettre ailleurs ! Pour ma fille, entre autres. Trente-deux mille euros par mois ! Petit à petit, j'ose me confier de plus en plus à ma famille, sans peur d'être jugée. Rapidement, ils me font comprendre que cette situation est anormale, et ne peut plus durer. Que je dois dénoncer ces pratiques, et de nouveau porter plainte, quitte à prendre le risque que mes vidéos soient diffusées. Je me laisse le temps de la réflexion.

À côté de ça, plus le temps passe, plus je suis méfiante. Même de mon mari. Puis-je vraiment lui faire confiance ? Après toutes ses trahisons ? Je sais que derrière mon dos, il a dit des choses négatives à mon sujet. Notamment, que j'étais folle !

Je sens que K. n'a plus aucun amour pour moi. Il ne m'admire plus. Ne me soutient pas. Je n'arrive plus à m'imposer dans mon couple. Je deviens distante avec mes proches, n'ai plus d'amis qui ne soient pas aussi les siens, n'ai plus aucun projet personnel, bref, je n'ai plus de vie à moi. Je me voile la face et m'accroche à cette relation, que je sais, pourtant, déjà terminée.

Je tiens à préciser que dans mon récit, il n'y a aucun jugement. Je ne cherche pas à accabler K.. Je raconte, c'est tout. Je raconte les événements qui peuvent vous permettre de comprendre ce que j'ai vécu. Ceci n'est pas une vengeance. C'est simplement ma vie, telle qu'elle est, telle qu'elle a été. Je ne peux pas vous raconter mon histoire sans vous raconter les événements qui m'ont le plus marquée.

Je continue alors les séances d'hypnose. Et, de plus en plus, je commence à me sentir libérée. Moins angoissée. Mieux dans ma tête. J'ai l'impression de respirer de nouveau. De plus en plus, mes idées s'éclaircissent, et je suis plus apaisée. De plus en plus, je pense à moi, avant de penser aux autres. Je remets de l'ordre dans ma tête. Malgré les problèmes, les choses se clarifient. Je commence à réfléchir à changer les situations. Toutes les situations.

Bientôt, K. et moi sommes appelés pour faire une émission. Un tournage avec nos familles. Et, à en croire les autres participants, K. me trompe... avec la femme de son cousin. Et ce, dans la chambre d'à côté. Pour le moment, ce n'est qu'une rumeur. J'interroge les uns et les autres, qui me donnent tous des versions différentes. Je tente même d'avoir accès aux caméras de surveillance, mais n'y parviens pas. Après ce tournage, je fais des cauchemars épouvantables. Je ne sais pas quoi en penser. Puis, les semaines passent, pendant lesquelles cette histoire de tromperie me travaille. K., de son côté, fait la fête sans arrêt. Il rentre à dix heures du matin, dans un état second, et je ne sais jamais vraiment où il a passé la nuit. Pendant ce temps-là, je suis seule chez moi avec ma fille, et je me dis que ses actes ne sont pas dignes d'un père de famille. Je ne suis pas prête à vivre sans lui. Pourtant, je commence à réaliser que cela va être inévitable.

Alors que je m'en sens incapable, je prends pourtant mes affaires et pars quelques jours chez une amie, à l'extérieur de Marseille. Habituée, depuis des années, à ne pas me séparer de K., ces quelques jours sont pour moi une véritable révélation. Notre éloignement me permet de m'habituer à être seule, et de prendre du recul sur ma vie en général. Je réalise ce qu'il se passe réellement. Je ne peux plus accepter le comportement de K. Mais je n'arrive pas, non plus, à accepter l'idée d'une séparation. Je me dis que j'ai besoin d'un réel choc, d'une situation évidente, pour pouvoir le quitter définitivement.

Après ces quelques jours chez mon amie, je suis de retour chez moi. Et la vie reprend là où je l'avais laissée. Car, rapidement, K. rentre au lever du jour, après avoir passé la soirée en je-ne-sais-quelle compagnie. À ce moment-là, je prends la décision, courageuse, de lui demander de partir une semaine. Qu'il parte réfléchir à ses actes, et qu'il me laisse seule avec ma propre réflexion.

À son retour, je le préviens que je n'accepterai plus son comportement. C'était la dernière fois. Il me garantie, bien sûr, qu'il va changer, que tout va s'arranger. Et, retournement de situation : je reçois le choc dont j'avais tant besoin pour le quitter définitivement. La femme du cousin de K., avec qui je le soupçonnais de m'avoir trompée, publie une vidéo sur les réseaux sociaux, dans laquelle elle avoue avoir couché avec lui ! Une fois de plus, je suis trompée et humiliée publiquement. Je téléphone alors à cette fille, qui me raconte toute la vérité sur cette histoire : oui, il m'a bien trompé avec elle cette nuit-là. Je la crois sur parole, car elle me donne des détails sur leurs ébats, qui me permettent de reconnaître le comportement de mon mari. Ce n'est plus une éventualité : c'est décidé, K. et moi divorçons. Lui qui était si confiant, lui qui s'imaginait que j'étais prête à tout endurer pour rester avec lui, n'avait pas prévu que je le quitte. Le fait que je demande le divorce ne faisait pas partie de ses plans !

21

Renaissance

Suite à notre séparation, je souffre énormément. Je vis notre rupture comme un deuil. Comme un décès. Je vais si mal que j'ai la sensation, horrible, insurmontable, que mon mari est mort. Mais, malgré la douleur, je sais que c'est un mal pour un bien. Cette horrible période à traverser me sera bénéfique à l'avenir. Et puis, désormais, je sais que j'ai vécu le pire. Je ne pourrai pas tomber plus bas. Grâce à cette décision, je trouverai bientôt la quiétude dont j'avais tant besoin.

Après mon divorce, je suis en colère. Contre mon mari, mais surtout contre moi-même. Je m'en veux d'avoir donné autant d'amour à quelqu'un qui n'était pas fait pour moi. Mais je relativise. J'ai vingt-six ans et j'ai déjà pris la décision d'améliorer ma vie. J'aurais pu me réveiller à quarante ans, dans la même situation et continuer à reproduire les mêmes erreurs. Continuer à vivre une vie qui n'était pas la mienne. Je ne suis pas en train d'accabler mon ex. Juste de dire qu'il n'était pas fait pour moi. J'étais le bon colis, mais au mauvais destinataire...

Quelques mois après le divorce, je commence enfin à sortir la tête de l'eau. Je me sens apaisée, détachée des problèmes. Je ne me sens plus sous l'emprise de qui que ce soit. Je me retrouve, j'apprends à apprécier ma propre présence. À aimer la solitude. Je vis pour moi, et pour le bonheur de ma fille. Je n'ai plus besoin de me raccrocher à quelque chose, à quelqu'un. Car je suis mon propre pilier.

Même si j'ai, pour le moment, perdu confiance en l'être humain, je n'ai pas perdu ma personnalité et mon enthousiasme. Je vis toujours dans ce même monde tout rose, et personne ne parviendra à le noircir. Je sais que Dieu me guide toujours dans la bonne direction, même si je fais des erreurs sur le chemin. Je fais ma vie, comme tout le monde. Sans embêter qui que ce soit. J'essaie de faire des bonnes actions. Je suis une personne normale. Même si je me suis habituée aux belles choses, et que j'essaie d'offrir la meilleure qualité de vie possible à ma fille, et à mes proches. Mais sinon, je fais ma vie comme n'importe qui. Je veux juste vivre avec mes propres convictions. Avoir une vie qui me ressemble. Un jour, je rencontrerai un homme bienveillant. Quelqu'un m'aimera de la manière dont je suis capable d'aimer. Peut-être demain, peut-être dans dix ans. Mais je sais que cet homme viendra, au moment où je serai prête à l'accueillir.

Certains de mes traumatismes ne sont pas encore apaisés. Je m'arme de patience et de volonté, pour passer à autre chose. *Passer à autre chose*, et non *oublier*. Car, selon moi, tous ces événements n'ont pas été placés là au hasard. Je dois travailler sur les erreurs de ma vie. On dit qu'avant de naître, on nous donne la possibilité de choisir notre destin. On nous propose un scénario, et c'est à nous d'accepter ou non de le vivre. Ce "scénario" serait là pour nous aider à guérir les blessures de notre âme. Nous confronter à des situations compliquées, nous obliger à les traverser, pour ensuite pouvoir y réfléchir.

Dans l'hypothèse où j'aurais vraiment vu ce scénario de vie, j'aurais accepté d'emblée ses personnages principaux : un père alcoolique, une voyante qui allait profiter de mes faiblesses, un homme qui allait me malmener... Et, en imaginant que j'aie vraiment choisi de vivre cette vie, alors je ne le regrette pas. Car, désormais, j'ai compris les erreurs à ne pas faire, mais surtout, je sais qui je suis. Je connais mes valeurs et mes objectifs de vie. Et je suis enfin heureuse.

22

Résolutions

Fin 2022, je décide d'arrêter de payer la voyante et le blogueur. Cette situation ne peut pas durer éternellement. Je réalise ne pas être le démon de l'histoire. Car, jusqu'ici, je me sentais coupable. Fautive. Il me semblait être le bourreau des uns et des autres. Le bourreau de tous ceux concernés par les vidéos. Tous ceux qui ont pu se sentir blessés par ce qu'ils ont vu ou entendu. Enfin, je réalise que s'il y a quelqu'un de malfaisant dans l'histoire, ce n'est certainement pas moi.

En Février 2023, grâce au soutien de mes proches, je constitue un dossier de preuves et vais porter plainte contre mes deux maîtres chanteurs. C'est l'une de mes premières décisions après m'être séparée de K. : je reprends le contrôle de ma vie.

Mais le blogueur ne se fait pas attendre : il publie immédiatement les vidéos sur ses réseaux sociaux. Des vidéos encore plus humiliantes, encore plus accablantes que les précédentes.

Parallèlement à ma plainte, et devant les menaces persistantes du blogueur, je décide de saisir les tribunaux. Je souhaite que le blogueur ait interdiction de diffuser des vidéos de moi, prises à mon insu, il y a plusieurs années... Suite à ma demande, je me sens en sécurité, je n'ai plus peur. Pourtant, le blogueur diffuse tout de même les vidéos sur ses réseaux sociaux, et indique qu'il compte "tout révéler" dans un documentaire.

Lors du procès, j'ai toujours cette peur, incontrôlable, de ne pas être entendue. Mais je reste confiante. La défense du blogueur est absurde : il a perdu ses réseaux sociaux par "la faute des influenceurs". Cela a engendré une perte financière et donc, la diffusion de mes vidéos était une compensation. En bref, il n'a aucune explication valable. Les juges comprennent rapidement qui est en tort dans l'histoire. Et, à la fin de l'audience, c'est moi qui ait gain de cause !

Le tribunal de Marseille ordonne l'interdiction au blogueur de publier, mais aussi de détenir, les vidéos de moi. Vidéos enregistrées à mon insu, il y a plusieurs années. S'il publie le moindre fichier, il sera condamné à me verser vingt-mille euros.

Enfin, la diffusion de ces vidéos, mais également leur détention, est jugée comme *illégale*. Je comprends alors que j'ai été victime depuis le début, et j'accepte ce statut de victime. Parallèlement à cette condamnation, l'enquête s'ouvre, et la procédure pénale se poursuit.

Quant à la voyante, l'affaire suit aussi son cours. J'attends le jour du procès, la tête haute : car, dans cette histoire, je sais qui sont les vrais bourreaux. Et, contrairement à ce qui a pu se dire dans la presse, ce n'est pas moi le bourreau, mais ceux qui m'ont coûté près de deux millions d'euros. J'ai été jugée coupable par beaucoup de gens. On a sali mon image. On m'a traînée dans la boue. On m'a humiliée. Mon vœu le plus cher, aujourd'hui, est que la voyante soit condamnée pour ses actes. Que justice soit faite, et pour moi, et pour les autres. Car oui, je ne suis pas la seule victime de ces gens malhonnêtes. D'autres personnes à l'esprit fragile ont été manipulées.

Je souhaite que justice soit rendue, mais pas que. Je souhaite également que l'on comprenne qui je suis réellement. La victime, et rien d'autre.

J'ai toujours suivi la ligne de l'amour, jusqu'à en perdre la tête. Jusqu'au fait d'être prête à tout pour me sentir aimée. Jusqu'à me laisser manipuler par des personnes malhonnêtes, qui avaient bien compris ce que j'attendais de la vie et en ont profité. J'ai cru que l'amour était la solution à mes problèmes. Aujourd'hui, j'ai compris que la vie m'avait amenée à affronter des situations, qui m'ont permis de comprendre mes blessures. Qui m'ont permis de comprendre comment j'en suis arrivée là.

Je suis Carla Moreau, et j'ai été naïve, et j'ai fait des faux pas, mais il y a bien une chose dont je suis sûre : je suis une fille bien.

Printed by Amazon Italia Logistica S.r.l.
Torrazza Piemonte (TO), Italy

54764537R00078